教育部人文社会科学研究项目
"当代英语世界的《论语》诠释研究"（项目编号：12YJCZH003）

曹威 著

当代西方的《论语》哲学诠释研究

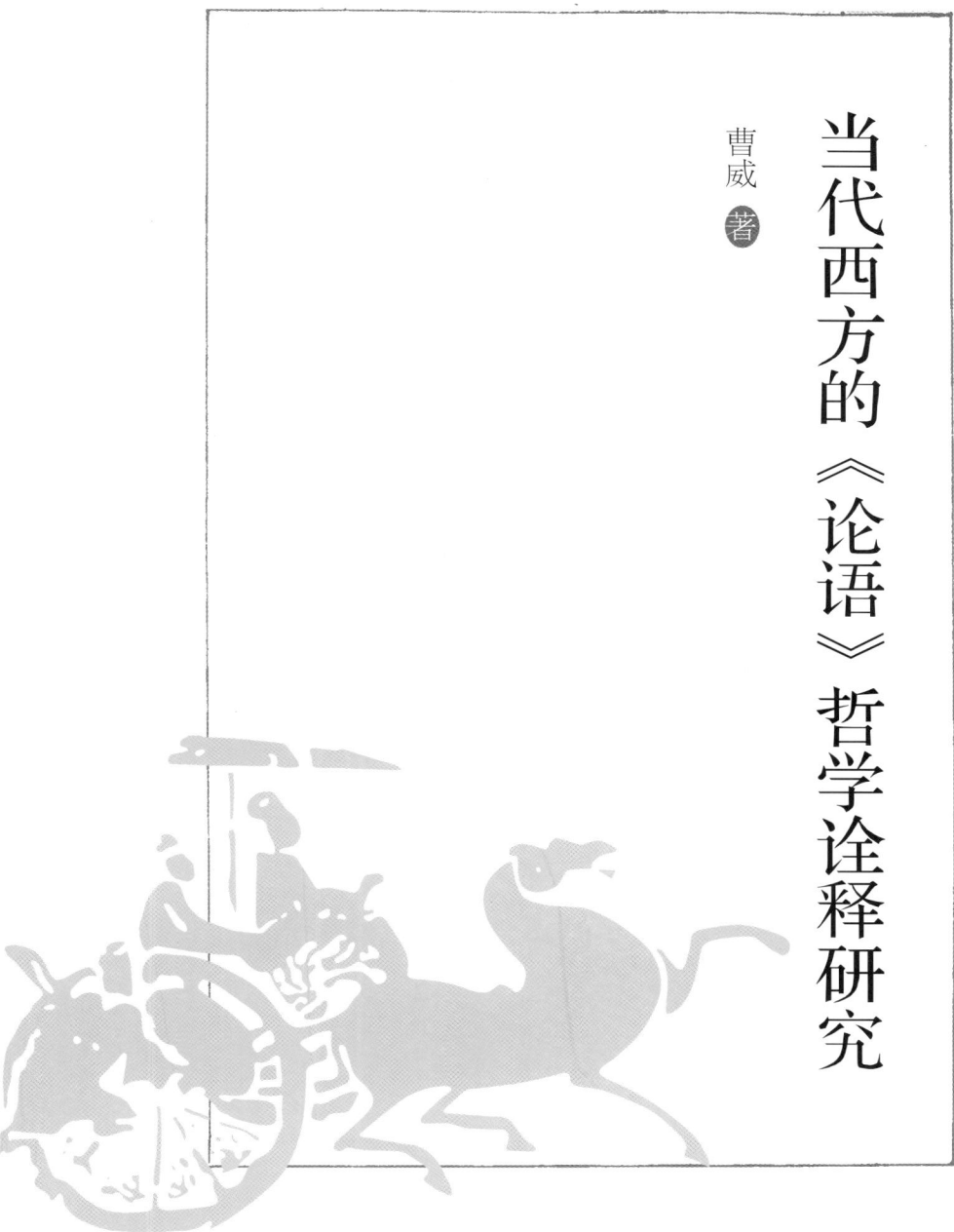

中国社会科学出版社

图书在版编目（CIP）数据

当代西方的《论语》哲学诠释研究 / 曹威著 . —北京：中国社会科学出版社，2020.12
ISBN 978 - 7 - 5161 - 6645 - 1

Ⅰ. ①当… Ⅱ. ①曹… Ⅲ. ①儒家②《论语》—研究—西方国家—现代 Ⅳ. ①B222.25

中国版本图书馆 CIP 数据核字（2015）第 167015 号

出 版 人	赵剑英
责任编辑	田　文
特约编辑	徐　申
责任校对	古　月
责任印制	王　超

出　　版	中国社会科学出版社
社　　址	北京鼓楼西大街甲 158 号
邮　　编	100720
网　　址	http://www.csspw.cn
发 行 部	010 - 84083685
门 市 部	010 - 84029450
经　　销	新华书店及其他书店
印　　刷	北京明恒达印务有限公司
装　　订	廊坊市广阳区广增装订厂
版　　次	2020 年 12 月第 1 版
印　　次	2020 年 12 月第 1 次印刷
开　　本	710×1000　1/16
印　　张	11
插　　页	2
字　　数	195 千字
定　　价	68.00 元

凡购买中国社会科学出版社图书，如有质量问题请与本社营销中心联系调换
电话：010 - 84083683
版权所有　侵权必究

目　　录

绪　论 ……………………………………………………………（1）
　第一节　《论语》英译的历史 ………………………………………（1）
　第二节　英译《论语》在国内外的研究状况 ………………………（9）
　第三节　研究重点与结构安排 ……………………………………（13）

第一章　《论语》英译的诠释学基础 …………………………（17）
　第一节　西方诠释学的发展历史 …………………………………（17）
　第二节　翻译与诠释学的关系 ……………………………………（19）
　　一　语言——诠释学的起源与归宿 ……………………………（19）
　　二　翻译——一种哲学诠释学对话 ……………………………（19）
　第三节　《论语》英译过程中的诠释学理论前提 ………………（21）
　　一　在理解中"创造" ……………………………………………（22）
　　二　在理解中"体验" ……………………………………………（25）
　　三　在理解中"建构" ……………………………………………（27）
　　四　在理解中"合一" ……………………………………………（29）
　本章小结 ……………………………………………………………（30）

第二章　20世纪70年代后西方孔子思想研究概述 ……………（32）
　第一节　西方现代《论语》研究的奠基者：赫伯特·芬格莱特 ……（32）
　第二节　文化普遍主义视角下的《论语》研究：本杰明·
　　　　　史华慈 …………………………………………………（33）
　第三节　比较哲学视域的《论语》研究：郝大维、安乐哲 ………（37）
　第四节　文化特殊主义视角下的《论语》研究：葛瑞汉 …………（40）

本章小结 …………………………………………………… (42)

第三章　西方的孔子"礼"学研究 …………………………… (44)
　第一节　芬格莱特的孔子"礼"学研究 …………………… (44)
　　一　日常语言分析哲学的特性 ……………………………… (44)
　　二　芬格莱特日常语言分析哲学立场中的孔子礼学研究 …… (45)
　第二节　史华慈与芬格莱特关于孔子之"礼"的对话 ……… (54)
　　一　史华慈对孔子之"礼"的阐释 ………………………… (54)
　　二　史华慈与芬格莱特关于"礼"的对话 ………………… (56)
　第三节　史华慈与葛瑞汉关于孔子之"礼"的对话 ………… (60)
　　一　葛瑞汉关于孔子之"礼"的理解 ……………………… (60)
　　二　史华慈对于葛瑞汉的批判 ……………………………… (60)
　　三　葛瑞汉对于史华慈批判的回应 ………………………… (64)
　第四节　郝大维和安乐哲对孔子之"礼"的阐释 …………… (67)
　　一　"礼"的社会维度的演进 ……………………………… (68)
　　二　礼仪构成既定社群的精神气质和连贯性 ……………… (69)
　　三　礼仪社会性的个人向度 ………………………………… (70)
　　四　礼义的互为性 …………………………………………… (71)
　本章小结 …………………………………………………… (74)

第四章　西方的孔子"仁"学研究 …………………………… (75)
　第一节　芬格莱特的"仁"学研究 ………………………… (76)
　　一　"仁"是一种行为 ……………………………………… (77)
　　二　"仁"是一个人决定遵从礼，在礼中塑造自我 ……… (77)
　　三　"仁"是一种"不忧"的状况，一个"克己复礼"的人的状况 …………………………………………………… (78)
　　四　"仁"是一种客观的、可以观察的人格 ……………… (79)
　第二节　史华慈的"仁"学研究 …………………………… (80)
　　一　"仁"是一种内在的气质倾向 ………………………… (80)
　　二　"仁"是一种再现礼之固有精神和其自身潜力的能力 … (81)
　　三　"仁"是通过"学"而内化的"礼" ………………… (82)

第三节　郝大维和安乐哲的"仁"学研究 …………………… (85)
　　　　一　从"人"到"仁"的转变是一个持久开放的过程 ………… (85)
　　　　二　从"人"到"仁"的转变是一个整体性的过程 …………… (87)
　　本章小结 ………………………………………………………… (92)

第五章　孔子的天道观研究 ………………………………………… (94)
　　第一节　芬格莱特的孔子天道观研究 …………………………… (96)
　　　　一　"道"是一条没有十字路口的大道 …………………… (96)
　　　　二　"道"是某种超验的道德原则 ………………………… (100)
　　　　三　郝大维和安乐哲对芬格莱特的孔子之"道"解析的
　　　　　　批判 ……………………………………………………… (102)
　　第二节　史华慈的孔子天道观研究 …………………………… (105)
　　　　一　孔子宇宙论诠释的思想基础 ………………………… (105)
　　　　二　对孔子之"天"的诠释 ………………………………… (108)
　　　　三　对孔子之"命"的阐释 ………………………………… (110)
　　第三节　郝大维和安乐哲的孔子天道观研究 ………………… (113)
　　　　一　关于"超越"概念的界定 ……………………………… (113)
　　　　二　关于孔子内在宇宙论的基本假设 …………………… (114)
　　　　三　关于孔子之"天"的诠释 ……………………………… (115)
　　　　四　关于孔子之"道"的诠释 ……………………………… (120)
　　本章小结 ………………………………………………………… (126)

第六章　《论语》中的"自我"问题研究 ……………………………… (129)
　　第一节　芬格莱特的孔子"自我"问题研究 …………………… (132)
　　　　一　自我：一个能够实现自己意志的个体自我 ………… (133)
　　　　二　自我：在意志的根据上表现为"无我" ……………… (136)
　　第二节　郝大维和安乐哲的孔子"自我"问题研究 …………… (140)
　　　　一　对"无我的自我"的否定 ……………………………… (141)
　　　　二　对"无心的自我"的否定 ……………………………… (143)
　　　　三　对"无身的自我"的否定 ……………………………… (145)
　　　　四　对"无目的的自我"的否定 …………………………… (146)

五　对"非意志的自我"的否定 …………………………（147）
　本章小结 …………………………………………………（149）

结　论 …………………………………………………（151）

参考文献 ………………………………………………（155）

后　记 …………………………………………………（167）

Contents

Introduction ·· (1)
  1. The History of Enghish Translation of *The Analects of
     Confucius* ··· (1)
  2. The Present Situation of the Research on English Translation of
     The Analects of Confucius at Home and Abroad ······················ (9)
  3. The Research Emphasis and Structure of the Thesis ················ (13)

**Chapter One The Hermeneutics Foundation of The English
            Translation of *The Analects of Confucius*** ··············· (17)
  1. The Developing History of Hermeneutics in Western ··············· (17)
  2. The Relationship Between Translation and Hermeneutics ··········· (19)
    2.1 Language: the Origin and Destination of Hermeneutics ········· (19)
    2.2 Translation: A Kind of Hermeneutics Dialogue ······················ (19)
  3. The Interpretation Paradigm of the English Translation of
     The Analects of Confucius ·· (21)
    3.1 "Create" in Understanding ·· (22)
    3.2 "Experience" in Understanding ··· (25)
    3.3 "Constuct" in Understanding ··· (27)
    3.4 "Unify" in Understanding ··· (29)
  Summary of This Chapter ··· (30)

**Chapter Two The Summary about the Researching of Confucius'
            Thoughts since 1970s in the English Speaking
            World** ·· (32)
  1. The founder of the Study on *the Analects of Confucius* in Modern
     West: Herbert Fingarette ··· (32)

2. The Study on *the Analects of Confucius* from the Point of Cultral Universalism: Benjamin Schwartz …………………………………… (33)

    3. The Study on *the Analects of Confucius* from the Point of Comparative Philosophy: David L. Hall and Roger T. Ames ……………… (37)

    4. The Study on *the Analects of Confucius* from the Point of Cultural Particularism: Angus C. Graham …………………………………… (40)

  Summary of This Chapter ……………………………………………………… (42)

Chapter Three The Study on Confucius' "Propriety" in the English Speaking World …………………………………… (44)

    1. Fingarette's Interpretation on Confucius' "Propriety" …………… (44)
        1.1 The Characteristics of Ordinary Language Philosophy ……… (44)
        1.2 Fingarette's Study on Confucius' "Propriety" from the Point of Ordinary Language Philosophy ……………………………………………… (45)

    2. The Dialogue between Fingarette and Schwartz on Confucius' "Propriety" ……………………………………………………………… (54)
        2.1 Schwartz's Interpretation on Confucius' "Propriety" ……… (54)
        2.2 The Dialogue between Fingarette and Schwartz on "Propriety" ……… (56)

    3. The Dialogue between Schwartz and Graham on Confucius' "Propriety" ……………………………………………………………… (60)
        3.1 Graham's Interpretation on Confucius' "Propriety" ……… (60)
        3.2 Schwartz's Criticism on Graham ………………………………… (60)
        3.3 Graham's Response on Schwartz' Criticism ………………… (64)

    4. Diavid L. Hall and Roger T. Ames' Interpretation on Confucius' "Propriety" ……………………………………………………………… (67)
        4.1 Evolution of Propriety's Social Dimention ………………… (68)
        4.2 Propriety Constitutes the Spiritual Temprament and Coherence of Specific Community ……………………………………………………………… (69)
        4.3 The Individual Dimention of Propriety's Sociality ……… (70)
        4.4 The Interplay Between Propriety and Rightness ………… (71)

  Summary of This Chapter ……………………………………………………… (74)

Chapter Four The Study on Confucius' "Benevolence" in the English Speaking World ········· (75)

1. Fingarette's Interpretation on "Benevolence" ············· (76)
   1.1 "Benevolence" is a Kind of Action ············· (77)
   1.2 "Benevolence" is That Someone Decides to Follow Propriety and Mould Oneself in It ············· (77)
   1.3 "Benevolence" is a State, a State without Sad, a Human State of Subdue One's Self and Return to Propriety ············· (78)
   1.4 "Benevolence" is Personality which is Objective and Observable ······ (79)
2. Schwartz's Interpretation on "Benevolence" ············· (80)
   2.1 "Benevolence is a Kind of Inner Disposition Tendency ············· (80)
   2.2 "Benevolence" is a Kind of Ability Which Can Represent the Inherent Spirit of Propriety and the Potential of Iteslf ············· (81)
   2.3 "Benevolence" is the Internalized Propriety through Learning ········· (82)
3. David L. Hall and Roger T. Ames' Interpretation Interpretation on "Benevolence" ············· (85)
   3.1 The Tranform From "Human" to "Benevolence" is an Open Procedure ············· (85)
   3.2 The Tranform From "Human" to "Benevolence" is an Integrated Procedure ············· (87)

Summary of This Chapter ············· (92)

Chapter Five The Study On Confucius' Tiandao ············· (94)

1. Fingarette's Interpretation on Confucius' Tiandao ············· (96)
   1.1 "Dao" is a Way Without Crossroad ············· (96)
   1.2 "Dao" is a Kind Trancendent Moral Principle ············· (100)
   1.3 Diavid L. Hall and Roger T. Ames' Criticism On Fingarette's Interpretation of Confucius' "Dao" ············· (102)
2. Schwartz's Interpretation on Confucius' Tiandao ············· (105)
   2.1 The Ideological Basis on the Interpretation of Confucius' Cosmology ············· (105)
   2.2 The Interpretation on Confucius' Tian ············· (108)

  2.3 The Interpretation on Confucius' Ming ……………………（110）
 3. David L. Hall and Roger T. Ames'Interpretation on Confucius'
   Tiandao ………………………………………………………（113）
  3.1 The Defination of "Transcendence" ……………………（113）
  3.2 The Basic Hypothesis on Confucius' Internal Cosmology …………（114）
  3.3 The Interpretation on Confucius' Tian ……………………（115）
  3.4 The Interpretation on Confucius' "Dao" …………………（120）
 Summary of This Chapter ………………………………………（126）

Chapter Six On the Self Problem in *The Analects of Confucius* … （129）

 1. Fingarette's Interpretation on the Self Problem of Confucius ……（132）
  1.1 Self: An Individual who can Realize His Own Will ………（133）
  1.2 Self: Accoding to the Foundation of Will, Self Presents as
     Selflessness …………………………………………………（136）
 2. David L. Hall and Roger T. Ames'Interpretation on the Self
   Problem of Confucius ……………………………………………（140）
  2.1 The Negation on "the Selflessness Self" …………………（141）
  2.2 The Negation on "the Self Without Heart" ………………（143）
  2.3 The Negation on "the Self Without Body" ………………（145）
  2.4 The Negation on "the Self Without Purpose" ……………（146）
  2.5 The Negation on "the Self Without Will" …………………（147）
 Summary of This Chapter ………………………………………（149）

Conclusion ……………………………………………………………（151）

References …………………………………………………………（155）

Afterword ……………………………………………………………（167）

绪　　论

第一节　《论语》英译的历史

　　古人云:"天不生仲尼,万古长如夜。"《论语》作为记载孔子及其弟子的主要思想和言论的中国儒家经典之作,是儒家的政治主张、伦理思想、道德观念以及教育原则的集中体现,是中华文明的结晶,也是中华民族文化传统变迁的载体。早在 17 世纪,就已有《论语》的外文译本,其中所体现的儒家思想精髓也逐步地被世人所认识。可见,《论语》不但对中华民族的思想和文化产生了深刻影响,而且对世界文明的逐步发展贡献了自身的力量。

　　在不同文化交流的过程中,翻译好比是一个焦点,可深层折射出不同的文化传统所承载的人类之"思"。翻译使各民族的文化得以交流和传播,翻译也是人类思想文化交流的必经之路,下面我们首先来简要回顾一下《论语》英译所走过的路程。

　　英语是国际交流中最重要的语言,因此,《论语》的英译本成为世界各国了解中国历史、文化和社会的重要资源。目前,据不完全统计,《论语》英译本(含节译本)迄今已经有 40 多种,如果再加上重印版、增订版等则要有近百部之多。

　　意大利籍耶稣会士利玛窦(Matteo Ricci, 1552—1610)是中西文化交流史上的开拓者。1582 年(明万历十年),利玛窦抵达澳门,从而开启了世界历史上第一次大规模的中西(欧)文化交流的序幕。耶稣会士们将很多重要的中文典籍翻译、介绍到了西方(欧洲)。1687 年比利时籍耶稣会士柏应理(Philippe Couplet, 1624—1692)在巴黎出版的拉丁文本《中国哲学家孔子》(*Confucius Sinarum Philosophus*)书中,有《中国经典导论》《孔子传》和《大学》《中庸》以及《论语》的拉丁译文。1691 年该书被翻译成英文在伦敦出版，书名为《孔子的道德哲学：一位中国哲人》(The Morals of Confucius: A Chinese Philosopher)，成为最早的《论语》英译本。后因"礼仪之争"引起罗马教廷和清政府之间的矛盾，在1721年（康熙六十年），清政府颁令除部分服务于宫廷的传教士以外，其他的传教士都被驱逐到澳门。由此耶稣会士在中国的传教工作告终，中国历史上的首次中西文化交流也就此结束。

在19世纪初到20世纪上半期的中西文化交流史上，西方对于中国经典的英译是一种十分值得关注的学术现象。在此100多年的时间里，几乎所有的中国哲学典籍都被翻译成了西方文字，这一时期的《论语》以及中国哲学其他典籍的翻译成果，奠定了典籍英译的基本规模。

19世纪初，基督教新教传教士以澳门为前沿阵地到我国传教，他们相信基督教是西方文明进步的原因，因而他们是带着文化优越感和战胜者的姿态来改进我国文化。传教士认识到理解和适应中国文化，调和并会通基督教和儒学关系的重要性。鉴于儒学在中国文化和意识形态中的重要地位，他们把翻译和研究儒家经典当作是其传教事业的一个重要组成部分。他们希望通过阅读中国经典著作来了解国人的思维方式，以便更有针对性地教化中国人。此外，他们翻译中国经典著作的更重要的目的是，希望在了解儒家的基础上利用或批判儒家，以此证明基督教才是普世的真理，使中国人皈依基督教。由于当时宗教力量在西方社会中的主要地位，经传教士翻译的《论语》被赋予了更多的神学精神。传教士翻译《论语》的策略基本上是通过"神学化"的方式对其进行诠释，用基督教神学来附会儒学，所以《论语》内在的哲学精神被减弱，淡化，甚至失真。加上后来西方列强入侵改变了我国历史进程发展的固有路线，使中国在此后的生活领域的各个方面都摆脱不了与西方的冲突。我国从天朝帝国变为落后的象征，这种改变使国人重新思考新的发展方向，进而开始怀疑自身的传统文明。在这样的历史背景下，赋有国民精神塑造使命的《论语》一类的文化经典，被看作是阻碍我国跨入近现代的绊脚石。所以，在西方传教士的《论语》英译中，国人失去了判断的标准；在《论语》一类中国文化经典的演说中，国人却不在场。（在这一时期《论语》的英译者只有辜鸿铭一人是国人。）

19世纪英国的殖民扩张和基督教海外传教事业的急速拓展，英国成为欧洲汉学的前沿，儒家经典的英译走在了其他欧洲语言的前列。在这一时期最早将《论语》译成英文的曾是在印度传教的英国人马士曼（Joshua Marshman，1768—1837）。马士曼从未到过中国，有人推测他是在一位华人的帮助下学习中文的，并于1809年，在印度出版了他本人翻译的《孔子著作》，该书实际上是《论语》的节译，从《论语》的第一章译至第九章。马士曼翻译《论语》的主要目的是"向英国人揭示汉语的性质"，他翻译《论语》的原则是"尽可能直译"[1]，他将翻译《论语》作为学习汉语的工具，最终的目的是为写汉译《圣经》服务。所以，他后来也并没有完成《论语》后半部分的翻译。

第二个将《论语》翻译成英文的是英国伦敦布道会传教士柯大卫，他曾随中国第一位新教传教士马礼逊学习中文，后任教于英华书院，是该院的第三任院长。柯大卫第一个将《四书》译成英语，并于1828年在马六甲出版《四书译注》。柯大卫译本也是译者学习汉语的产物，他在其翻译文本后的修订和评注中指出，《四书》在宗教和道德上存在严重的错误，目的是引导英华书院的中国学生反思"其至圣先师教诲中的致命错误"[2]。

英国著名传教士和汉学家理雅各（James Legge，1814—1897）是第一个系统研究、翻译中国古代经典的学者。美国学者吉拉尔多（Norman J. Girardot）称他为中国古代圣典解码者，儒家经典翻译家，佛经道经翻译的先驱者。理雅各也因在翻译上的成就与汉学研究方面的贡献，于1876年获法兰西学院儒莲汉籍国际翻译奖。理雅各1839年受伦敦布道会派遣到马六甲任英华书院院长，1843年随书院迁往香港。理雅各认为，"只有透彻地掌握了中国人的经书，亲自考察了中国圣贤建立的作为中国人道德、社会和政治生活基石的整个思想领域，才能认为与自己担负的职责相称"[3]。于是，从1848年开始，在中国学者王韬（1828—1897）等人的帮助下，理雅各开始翻译儒家经典。1861年，理雅各翻译的《中国经典》（第一卷，包含《论语》《大学》和《中庸》）在香港出版。译本除

---

[1] Marshman, Joshua, *The Works of Confucius*, Serampore: Printed at the Mission Press, Vol. I 1809, p. xxxiv.

[2] Collie, David, *The Chinese Classical Work Commonly Called The Four Books*, Malacca: Printed at the Mission Press, 1828, p. 3.

[3] Legge, James. *The Chinese Classics* (Vol. I). Hong Kong: Hong Kong University Press, 1960, p. vii.

了译文之外，还写了长篇绪论和详尽的注释，绪论对这三部典籍进行了全面的评介，系统地分析了孔子的思想及其在中国的影响。译文之下的解释和评论性的注解涉及文章主旨、历史背景、注疏选译等内容，使西方人得以了解中国文化以及中华民族伦理道德的由来和全貌，从而也确定了理雅各在19世纪英国汉学乃至西方汉学史上的崇高地位。

在理雅各之后，还有许多学者（包括英国和美国的学者）翻译过《论语》，其中完整地翻译过《论语》全文的有：T. F. Wade 于 1869 年在伦敦出版的 *The Lun Yu, being Utterances of Kung Tzu, known to the Western World as Confucius*（《论语：记载孔子言论的书，世界译为 Confucius》）；William Jennings 于 1895 年在中国香港、伦敦、乔治路得齐（George Routledge）出版的 *The Confucian Analects, A Translation with Annotation and Introduction*（《孔子语录：介绍与评注》）；Lionel Giles 于 1907 年由伦敦 John Murray Ltd. 出版的 *The Sayings of Confucius, Introduction and Notes*（《孔子之言：介绍与注释》）；Leonard A. Lyall 的译本在 1909 年出版，名为 *The Sayings of Confucius*（《孔子之言》）；William Edward Soothill 的英译《论语》（*The Analects, or, the Conversation of Confucius with His Disciples and Certain Others*）（《论语，孔子与其弟子的对话》）于宣统二年（1910）在日本横滨出版，该英译《论语》于 1937 年列入牛津大学世界经典丛书（*The World's Classics Series*）；James R. Ware 于 1950 年由纽约（Halcyon House）出版 *The Best Confucius*，此书是《论语》的节译本，在五年后出版全译本；美国诗人庞德（Ezra Pound）在 1937 年出版了《论语》节译本，在 1956 年才出版了全译本。在以上这些人的译本中 Lionel Giles 和 William Edward Soothill 的译本在少量的参考文献中能够找到，其他的译本几乎无人问津了。

在理雅各之后最伟大的英国汉学家当属亚瑟·韦利（Arthur Waley, 1889—1969）。人们常说："如果理雅各是 19 世纪最伟大的中文翻译家的话，那么 20 世纪上半叶继其衣钵者则非其同胞韦利莫属。"[①] 韦利曾就读于剑桥大学国王学院，因眼疾辍学后进入大英博物馆东方科任职。他从未到过中国，但他对中国经典思想的理解水平要远远超过其同时代的汉学

---

① David B. Honey, *Incense at the Alter: Pioneering Sinologists and The Development of Classical Chinese Philology*, New Heaven, Conn: American Oriental Society, 2001, p. 224.

家。韦利的英译《论语》出版于1938年,他的译本一直在英语世界较为通行,多次再版过,在中国内地也颇为流行。韦利的译本尽量保留原文的风貌,注意细节的传译,文字比较简练,风格接近原文。译文中有很多的脚注,而且译文后面还有不少的尾注。

从19世纪初到20世纪上半期第二次中西文化交流史上《论语》的英译情况来看,多数的翻译者是传教士,William Edward Soothill 是最后一位传教士译者。从韦利开始《论语》的英译者逐步走向专业的汉学家和文学家。《论语》的英译从最初的马士曼和柯大卫的以学习汉语为目的,到理雅各的向来华的传教士介绍中国文化和东方哲学,为的是让他们了解中国也更加了解自己。在翻译中,理雅各从基督教的角度审视孔子的思想和生平,他的目的是在包容儒学、利用儒学的基础上走"以耶补儒"的道路。韦利的译本中宗教色彩和意识较理雅各的译本有所减少,但还是没有逃离宗教神学色彩。

但是,我们还应该看到在传教士对儒学的翻译过程中,儒学思想在欧洲的学术界也产生过一定的影响,传教士的《论语》英译在传播了儒家思想的同时,也为欧洲的启蒙思想家在政治上反对专制和特权,在思想上反对宗教神学提供了思想武器,推动了早期中西文化的交流与融合。

在20世纪的后半期,西方本土的很多学者认识到了传教士所翻译的《论语》中的神学思想倾向。他们认为将《论语》作为一种类似于基督伦理箴言的东西来阅读,是因为在《论语》的英译过程中,西方人为了适应当时传教的目的,他们用基督教术语、用欧洲思想的术语来翻译《论语》。为了避免上述倾向,此后汉学家的《论语》英译过程中逐步跳出了以神学附会儒学的立场。

20世纪80年代"儒学第三期发展"的兴起,引发了《论语》翻译的复兴。在这一时期产生的《论语》英译本有两种倾向,一种是力图跳出基督教神学思想的影响,但还是没有跳出西方固有的价值观念和思维方式,译本中充斥着非中国世界观本身的内容;另外一种是在解构主义和后现代思潮的影响下,对西方中心主义进行反思的学者,在"文化普遍主义"、"文化特殊主义"等立场的指引下将中国丰富的哲学传统作为一个真正的个体和文化取向来加以翻译。自20世纪80年代以来,出现的《论语》英译本有20多种。在这些译本中,流传较广且贡献较大的有:1992

年托玛斯·柯立瑞（Thomas Cleary, 1949— ）出版的 *The Essenial Confucius*（《本真的孔子》）。他把孔子对《易经》卦象的评论作为主题，将《论语》各段落重新进行编排，删减了许多文化因素，使读者不必为文化的特征所困扰，肯定孔子思想在当今世界的指导意义。雷蒙德·道森（Raymond Dawson）在 1993 年出版的 *Confucius: The Analects*（《孔子：论语》）中指出，哲学翻译最好能做到"approximation"（接近），他强调："我相信我们不应该总是试图对那些已经皈依者传道，而是要尽力产生一个跨文化交流的译本，使《论语》最大限度地为我们自己文化里的读者所熟悉。"① 西蒙·赖斯（Simon Leys）在 1997 年出版的 *The Analects of Confucius*（《孔子语录》）中从比较文化的视角出发，采用译文和注释两种方式。译文注重文体的优雅，注释显示出译者深厚的中西文化知识功底，强调儒学跨越时空的普世意义。1998 年由美国哥伦比亚大学出版社出版，白牧之和白妙子（E. Bruce Brooks, and A. Taeko Brooks）翻译的《论语》题名为 *The Original Analects: Sayings of Confucius and His Successor*（《论语辨》）在译本中，白牧之和白妙子提出了著名的"accretion theory"（层累论）。他们认为在《论语》中除了《里仁》篇是孔子的言论以外，没有任何的言论是真正属于孔子的。他们认为《论语》是从孔子去世到鲁国灭亡之间大概两个半世纪左右的时间，由孔子的门徒和子孙经过缓慢的累加过程而形成的，《论语》中的孔子是一个虚构的形象。

"accretion theory"（层累论）的提出彰显了 20 世纪八九十年代以来西方汉学家在翻译《论语》的过程中所表现出来的怀疑精神。他们怀疑《论语》是否为孔子所作，怀疑《论语》的完整性，怀疑《论语》在流传过程中存在窜改现象，甚至像白牧之和白妙子夫妇那样怀疑是否存在孔子其人。

安乐哲（Roger T. Ames）和罗思文（Henry Rosement）翻译的《论语》由纽约 Ballantine 公司于 1998 年出版，名为 *The Analects of Confucius: A Philosophical Translation*（《论语的哲学诠释》），他们翻译的《论语》开创了西方《论语》翻译的一个新维度。安乐哲和罗思文致力于《论语》的哲学诠释，反对文化化约主义，他们在《论语》的翻译过程中采用了

---

① Dawson, Raymond, *Confucius: The Analects*, Oxford and New York: Oxford University Press, 1993, p. xxvii.

"哲学汉学诠释方法",在翻译的过程中分享"跨文化"(intercultural)和"超文化"(trans-cultural)的视角(跨文化的视角注重在两种不同的文化当中寻找异同点,而超文化的视角是在各种不同类型文化的比较中,寻找普世的元素),并将"内在的宇宙论"、"反向性概念"和"传统——作为诠释的语境"三个方面作为翻译《论语》的独特理论前提。他们反对用西方的"超越概念"、"理性秩序"和"目的论"来代替中国哲学的主体性、审美秩序和伦理性,并在解释中国古汉语和英语的特性的过程中对《论语》进行哲学诠释。他们翻译《论语》的目的是希望通过进入到另外一种文化背景之中来考证自身的文化,通过借助孔子思想为西方文化提供一种有意义的视角。在《论语》的翻译过程中他们并非要"宣扬儒家文化和盎格鲁——欧洲文化的差异性,而是以差异性为前提,提供互有增益的机遇,为解决单一文化内部一直无法完满解决的问题提供另一解答方案"[①]。安乐哲和郝大维提出希望"能够将'翻译'提升到一个新层面的学术和文化互惠事业,在创造性重建各自文化传统的过程中,形成欣赏他者文化的敏感性"[②]。

通过以上的论述,我们可以看出,自20世纪后半期以来,《论语》的英译在逐渐摆脱宗教神学的同时,汉学家们开始以一种求实的精神来翻译《论语》,"西方中心主义"的框架逐步被摆脱。他们中的有些人希望通过《论语》的英译,使孔子成为当前世界文明对话的一个潜在的参与者,而不仅仅是一个任意比附的对象,尤其是儒学发展的第三次浪潮对于亚太圈的经济增长提供意识形态基础的可能性日益呈现,使得英美国家的汉学界对于儒家思想更加关切。较比前一个阶段的《论语》英译,在这一时期的翻译和研究者中间加入了英美本土的哲学家,他们在西方理性主义出现了重重危机的情况下,希望在中国的文化传统和哲学思想中找到治愈西方内部文化危机的良方。中国的文化传统自先秦就肯定了人的重要性以及自主性,因此表现出强烈的人文主义精神,而这种精神正是西方理性主义传统所缺少的。在理性主义的指引下,人们缺少了对全体,对人的自我,对人性的普遍的认识与把握。西方人希望在中国文化中汲取养分,以

---

① [美]郝大维(David L. Hall)、安乐哲(Roger T. Ames):《通过孔子而思》,何金俐译,北京大学出版社2005年版,第6页。

② 同上书,第XI页。

解决现代西方思想的内在矛盾。可见，西方出现儒学发展的第三次高潮，从更深一步看来，是世界发展的需要，也是世界与人类的动态平衡、和谐发展的需要。

由于客观社会历史原因的影响，中国人对于《论语》的英译较西方人要晚的多。从19世纪到20世纪上半期是西方《论语》英译的一个高潮时期，这一时期是近代中国。中国的近代是在西方列强的入侵中被迫开始的，正处于上升期的西方资本主义列强对中国和中国文化的认识发生了改变，他们鄙视中国社会的落后，试图以西方为榜样来改造中国。而这一时期，中国国内的学者也清醒地认识到中国的处境，他们希望通过学习西方而达到富国强民的理想。在这一时期除了辜鸿铭一人在1898年翻译了《论语》之外，没有其他的学者从事《论语》的英译工作。辜鸿铭虽然接受过系统的西方文化教育，但是他却用自己的实际行动捍卫了中国传统文化。他翻译《论语》的目的是要让西方人认识真正的中国文明，反省并修正西方人对中国人的成见，进而改变他们对华的态度。

在辜鸿铭之后中国人翻译的《论语》中影响较大的就是在中国改革开放初期的刘殿爵，他在1979年出版了《论语》英译本。该译本很受欢迎，在1992年出了修订版。刘殿爵是香港著名的华人学者和中国典籍翻译家，他重视对经典文本的语言的研究，他的译文周密、严谨，语言精确，概念表达清晰。此外，林语堂（1938）、程石泉（1986）、李天辰（1991）、老安（1992）、梅仁毅（1992）、潘富恩和温少霞（1993）、赖波和夏玉（1994）、黄继忠（1997）、王富林（1997）、李祥甫（1999）、丁往道（1999）、彭子游（2003）、马德五（2001）、许渊冲（2005）、王建（2005）、金沛霖和李亚斯（2005）等人都进行过《论语》的全译或节译工作。其中，黄继忠的译本和他的思想在当代美国影响最大。

从以上国内外《论语》的翻译历史可以看出，作为汉学研究一个重要组成部分，《论语》英译在国外已经有300多年的历史，而中国人的《论语》英译研究以及西方有关《论语》思想研究成果的研究是在20世纪90年代以后，汉学研究是在中国成为一门新兴的专门学科发展起来以后才渐渐发展起来的。海内外华人的《论语》英译给中国典籍翻译注入了活力，打破了长期以来西方传教士和汉学家的垄断局面，他们希望能够原汁原味地介绍并传播中国文化。从某种意义上说，《论语》与中国文化互为表里，它塑造了中国两千多年的文化，同时也在这一文化脉络中不断地被塑造。《论语》英译是中西文化交流中最重要的环节之一，海内外的华人能够直接从自身的文化环境中体验和认识孔子思想，他们在保持了中西文化差异的敏感性的同时，也在不断地纠正和指出西方汉学家翻译中的文化误读和偏见，这样一种跨文化背景下的翻译更忠实于原文，更能保持孔子思想的本来面貌。但是，在国内从事《论语》翻译的学者多数都是外语工作者，少有哲学工作者对其进行翻译，这样一来使国内的《论语》翻译工作只停留在表面而已，很少提出自身独到的研究成果，其所采用的翻译理论，也主要是西方的译论，没有形成自身的典籍英译理论，因而翻译出的作品水平并不尽如人意，社会影响并不大。

据统计，《论语》是除了《道德经》以外，翻译成西方语言最多的中国典籍。[①] 它在中西文化交流史上起到了无法估量的作用。《论语》的英译从早期的基督教传教士、到新教传教士再到西方专业的汉学家、文学家乃至哲学家和海内外中国学者的翻译，经历了 300 多年的历史。可以说，《论语》的翻译史便是中西文化交流史的一个缩影。

在今天，儒家思想的人本精神与和谐精神在世界上得到了越来越多的认同，《论语》的翻译工作更需要走上一个新的台阶。在尊重历史的同时，挖掘其现实意义，在文化的差异与比较中彰显《论语》的现代生机与活力。这项具有时代意义的工作需要有更多的中外学者参与其中，使《论语》蕴含的儒家思想乃至中华文明更好地对外传播，提高中华传统文化在世界的影响。

第二节　英译《论语》在国内外的研究状况

英译《论语》在国内的研究，属汉学研究的领域。中国讲的汉学主要是指国外学者对中国的研究，有时严格一点称作"国际汉学"或"海外汉学"，是与他者的对话，是对"非我族类"的审视。国内的汉学研究自 20 世纪 80 年代以来才成为学术界关注的领域，所以，英译《论语》

[①] Durrant, Stephen W., *On Translating Lun Yu*, *Chinese Literature: Essays, Article, Reviews*, No. 3, 1981.

的研究也是在20世纪80年代以后才在国内兴起的。在三十年来的研究过程中，研究者关注的焦点主要集中在以下几个方面：首先是译本研究。译本研究是国内《论语》英译研究最为重要的一个方向。在这类研究中有的学者是对单个译本进行研究，有的是把两个或多个译本放在一起进行比较研究。在译本研究方面比较有代表性的有王东波（2008）的博士论文：《〈论语〉英译比较研究——以理雅各译本与辜鸿铭译本为案例》；陈可培（2006）的博士论文：《偏见与宽容，翻译与吸纳——理雅各的汉学研究与〈论语〉英译》；付海英（2008）的硕士论文：《译者的文化责任——以辜鸿铭〈论语〉英译为例兼评理雅各英译本》；王海燕（2008）的硕士论文：《从图里的翻译规范论看辜鸿铭〈论语〉的英译》，等等。其次，在对译本研究的同时，很多作者将译者研究融入其中，也有些作者在研究译者的同时结合译者其他方面的翻译成就进行分析评价。如朱宝峰在2006年中国英汉语比较研究会第7次全国学术研讨会上的论文《辜鸿铭的读者意识浅析——以辜氏〈论语〉英译为例》。另外一类关于英译《论语》研究的关注点在于《论语》的翻译传播历史，即通过全面的介绍《论语》的拉丁语、法语、德语、英语、西班牙语、日语、韩语等译本，和《论语》在英美的翻译与接受问题等方面来阐释《论语》的翻译传播历史。在这方面比较有代表性的文章有杨平（2009）的《20世纪〈论语〉的英译与诠释》《〈论语〉英译的概述与评析》；王东波（2008）的《〈论语〉英译的缘起与发展》；杨平（2008）的《〈论语〉的英译研究——总结与评价》；王勇（2006）的《20年来的〈论语〉英译研究》，等等。此外，关于《论语》中关键词翻译的探讨也是国内英译《论语》研究的一个方向。因为《论语》中文化负载词翻译的准确与否反映了译者对于中国传统的哲学伦理理念的把握准确性，是《论语》的核心精神在海外得以准确传播的关键，因此这也是学者研究、探讨的焦点。如：王辉（2001）通过对比分析理雅各、韦利、辜鸿铭、苏慧廉、林语堂、庞德诸家译者的译本，探讨了《论语》中"仁"、"理"、"君子"、"忠"、"孝"等基本概念词的英译问题，认为翻译这些关键词时，译者应该兼顾译名的精确与统一；黄伟（2004）探讨了《论语》中"君子"和"小人"这一对关键词的翻译，他认为，"君子"和"小人"二者之间的对立可以是地位出身的对立、政治立场的对立、经济价值观的对立、道德伦理的对立、学识抱负的对立乃至气质风度的对立，因此想用任何一对英文词来完成对《论语》中"君子"和"小人"的翻译是行不通的,所以译者要根据原文具体所指选取最贴切的译文;包通法(2005)则对《论语》中"仁"这一伦理哲学术语的翻译进行了探讨,认为汉英翻译时,用任何一个英语词条来翻译"仁"都会造成削足适履,将悠久的中华哲学伦理理念阉割。他认为应该将"仁"译为"Rennism",这样才能使异质文化群体从哲学、伦理学和人格美学的层面认识"仁"的伦理哲学的深刻内涵,从而真正触摸到儒家思想的真谛。

20世纪70年代以前,西方的《论语》研究是在基督教神学和西方中心主义的框架中进行的,孔子的思想成为了随意比附的对象。在20世纪80年代杜维明提出儒学第三次发展高潮,加之其对于亚太圈的经济增长提供意识形态基础的可能性的日益呈现,西方汉学界对于儒家思想变得更加关切。也正是在这样一种背景之下,西方的《论语》即孔子研究也逐步升温。

20世纪后半期以来,儒学研究在英美世界形成了一股高潮。新的《论语》译本在近些年也有出版,但是对《论语》单纯进行翻译和解释的作品较之前一个世纪明显减少,西方的汉学家和新近的一些哲学家在对《论语》进行翻译的同时,通过对《论语》中所体现的中国哲学精神进行深入的研究来解决当代哲学中的问题,或对中西方哲学进行比较研究以发现两者的不同,以解决西方文化内部的危机。这一时期的《论语》研究中形成了翻译与思想研究并重的发展趋势。

美国学者芬格莱特1972年出版《孔子:即凡而圣》一书,该书在西方世界第一次提出要站在宗教立场以外来看待孔子,发掘中国哲学真正的品格,在西方的儒学研究界引起了非常大的反响。自此以后,关于孔子思想的研究在西方儒学界内部产生了对话与批判的形态,后来的史华慈、安乐哲和郝大维、葛瑞汉等人,都在不同的立场中对芬格莱特的观点给予回应,为西方的孔子研究提供了一个新的平台。

《孔子:即凡而圣》开拓了英美世界儒学研究的新范式。芬格莱特从"礼"的角度研究先秦儒家,并认为"礼"是儒学的核心观念。结合西方日常语言分析哲学的观点,芬格莱特指出:"从心理主义和主体主义的角度来解读《论语》是出于西方知识背景的误解,而孔子思想的主旨在于礼仪行为的强调。礼仪是人类经验历史积淀所形成的人性的表现,礼仪的践行可以使人性在社群的整体脉络中趋于完善。而人们纯熟地实践人类社会各种角色所要求的礼仪行为,最终便可以从容中道,使人生焕发出神奇的魅力。"① 芬格莱特认为,孔子思想区别于西方哲学传统的特殊性在于它围绕着"礼"这一概念展开。在孔子那里,"礼"是具有一定神圣性的礼仪行为,是"个体的'临在'与所学礼仪的融合无间"②。自此之后南乐山、白诗朗等人也认为"礼"是孔子思想的核心内容。

用西方哲学的观点来解释中国哲学的特殊性是芬格莱特孔子研究的一个特点。他欣赏中国哲学的一些思想观念,认为他们对西方哲学或当代哲学研究颇有借鉴意义。而史华慈则认为,芬格莱特强调"文化特殊性",但是在关注"文化特殊性"的同时,我们更应该关注的是使不同文化之间的对话成为可能的"文化共通性"。史华慈所追求的是一种建立在"文化特殊性"基础上的"文化普遍性"。在史华慈的孔子研究中,并不强调个别概念的重要性,而是努力呈现孔子哲学思想的全貌。在《古代中国的思想世界》一书中,史华慈论述了《论语》中各个概念之间的关联性和整体性,史华慈认为虽然《论语》文本在表面上缺乏连贯性,但是它确实提供了一种现实生活中存在关联性的视域,史华慈将其称之为"通见"。

在英美世界出现的另一种儒学研究方式是以安乐哲、郝大维为代表的通过对比中西方哲学中的不同观念特征,来展示两种哲学的共通性与差异性,进而对当代哲学中的问题进行创造性的探索。他们将自己的研究方法命名为"比较哲学"。在他们的研究中采用哲学汉学诠释方法,分享跨文化(intercultural)和超文化(transcultural)双方视角的种种共通性。他们认为东西方学界也应该提供一个平台,使东西方思想家能够就共同价值观念和共同关心的问题进行对话。他们的研究旨在以承认差异性为前提,提供互有增益的机遇,为解决单一文化内部一直无法完满解决的问题提供另一解答方案。

他们合作出版了比较哲学三部曲:《通过孔子而思》《期望中国》与《汉哲学思维的文化探源》。在此基础上,安乐哲和罗思文出版的《论语的哲学诠释》旨在提供一个能够体现孔子哲学思想连贯性的《论语》英

---

① [美]赫伯特·芬格莱特:《孔子:即凡而圣》,彭国祥、张华译,江苏人民出版社2002年版,第1页。

② 同上书,第8页。

译本,从哲学的视角来翻译《论语》。他们的译本给西方的《论语》研究又提供了一个新的范式。"安乐哲和罗思文相信,译者可以运用一种例如揭开原意——即与作者或编者之所言谓者相靠近的意义、方法去翻译《论语》"①。要做到这一点的前提是,译者要到异质的世界观中去审视另一种文化。

从以上近年来西方世界有代表性的《论语》研究成果来看,在对《论语》进行诠释的过程中,西方的学者有的采用的是经典诠释学方法,经典诠释学首先假定文本体现了其所在语言文化背景的权威观念,如芬格莱特和史华慈,而安乐哲和郝大维则采用了哲学诠释学的方法。另外,在西方的儒学研究中,目前还有人提出用历史诠释学的方法来解读《论语》的必要性。因为历史和传统不单单是过去生活的产物,他们也为现在和将来提供了一种精神。同时,历史也能够帮助我们揭示和阐明由历史所孕育出的价值和观念,如白牧之和白妙子在他们的《论语》译本中根据自身的理解按照编年顺序重新排列《论语》,使读者更好地理解《论语》中的错综复杂的历史顺序。

由此可见,当代西方的《论语》研究已经全面展开,他们的研究为国内的汉学研究和孔子研究提供了可资借鉴的研究成果,给我们提供了全新的视角,拓宽了我们的视野。同时,他们的研究成果也可以为目前的儒学发展前景问题的思考展开了新的维度。

第三节 本书的研究重点与结构安排

儒家思想虽缘起于中国,但在国际文化交流日趋频繁的今天,它的影响和意义已不再局限于中国,而是一种具有普世价值和现实关怀的文化精神。研究域外视角对《论语》的当代关切与重构不仅仅能更新习常国内对传统的刻板认知,同时也能够激起我们对"文化有效沟通"这一现代问题的重新反思。英语世界的儒学研究尤其是《论语》研究进入新的高潮,这也正说明了中国哲学在世界哲学中的不可或缺的现实地位。因此它不仅仅是中国的需要、西方的需要,更是人类发展的需要。

---

① 丁四新:《近年来英语世界有关孔子与〈论语〉的研究》(上),《哲学动态》2006年第11期。

本书旨在梳理英译《论语》发展的历史，并对西方在 20 世纪 70 年代以后出现的有代表性的《论语》研究进行分析和研究，以期对中国文化在现代背景下的发展给予新的思考。同时揭示在全球化背景下，解决现代西方思想内部矛盾的多元性，达到人类的动态平衡与和谐发展，对于儒家"生生而和谐"的人文主义的渴望与诉求。

本书从芬格莱特、史华慈、安乐哲和郝大维、葛瑞汉的《论语》研究入手，分析 20 世纪 70 年代以来西方《论语》及孔子研究的重点与发展趋势。全书共由八个部分组成。

第一部分绪论，系统地梳理了从 17 世纪至今《论语》英译的状况，以及不同历史时期《论语》翻译的整体趋向和脉络；综述与本书相关的国内外前人的研究概况以及本书的研究重点和结构安排。

第一章，阐释《论语》英译的诠释学基础。在西方诠释学的发展脉络中，探讨翻译与诠释学的关系，进而指出在将中国儒家经典，尤其是《论语》翻译成英语时特定的诠释学理论前提。

第二章，对 20 世纪 70 年代以后英语世界《论语》研究具有代表性的四个重要人物，即本书重点研究的几位人物：芬格莱特、史华慈、郝大维和安乐哲以及葛瑞汉的研究方向和主要观点予以阐释。

第三章，系统阐释 20 世纪 70 年代以后，本书所选取的英语世界主要人物的孔子"礼"学研究，以及他们在关于孔子之礼的研究过程中的彼此对话。芬格莱特将"礼"定义为一种行为，认为礼是人的本性所在。葛瑞汉与芬格莱特的观点一致，认为"礼"是一种行为，而史华慈认为，"礼"并不是行为本身，而是一种行为规定。在此基础上，史华慈分别与芬格莱特和葛瑞汉在有关孔子之"礼"的问题上展开了对话。同时葛瑞汉对于史华慈给予的批评也采取了正面的回应。郝大维和安乐哲对于孔子之"礼"的研究跳出了以上三者的研究模式。他们把对孔子之"礼"的研究放在"成人"的动态过程中，强调"礼"的社会维度和个人向度，并突出人的创造性在"礼"的演进过程中所起到的重要作用。

第四章，集中论述芬格莱特、史华慈、葛瑞汉和郝大维及安乐哲关于孔子之"仁"的见解。芬格莱特，在言语行为理论的框架下指出，孔子的思想中"礼"是一种社会行为，"仁"也同样是一种社会行为。而史华慈对于孔子"仁"思想的讨论依然是在批判芬格莱特的立场中展开的。史华慈认为，"仁"指称的是个人的内在道德生活，这种生活中包含有自我反省与自我反思的能力。它包括了人的所有外向德性和"灵魂的气质倾向","仁"是一个大全,包含了所有单独的德性,而且它不仅仅是潜在于人身上的道德,而且它还具有实存性的目标。郝大维和安乐哲认为孔子的"仁"既不是芬格莱特所说的外在行为,也不单纯是史华慈所讲的内在的精神气质,他们认为"仁"既具有外在性又具有内在性。在孔子的学说中"仁"与"人"具有共同的定义,二者都意指"人",只是反映了品质获得的不同程度。

第五章,论述史华慈、芬格莱特、郝大维及安乐哲对孔子天道观的研究。自儒学与基督教相遇以来就有了儒学与宗教关系的讨论。儒学与宗教关系讨论的焦点又集中在儒学是否具有超越性的基础上。所以,引发了西方人对于孔子天道观的关注,以此来说明他们眼中的儒学宗教性问题。史华慈的研究从孔子思想中是否具有宗教性层面入手,在阐释其自身对于"超越"与"内在"的理解的基础上,为我们勾勒出了孔子思想内在与超越相交错的图景。郝大维和安乐哲从界定"超越"的概念入手,继而指出支撑孔子宇宙观的几个基本概念"天"、"天命"和"道",这些都没有"超越"的意义,所以他们认为在中国儒家传统中没有真正地依靠超越作为增强人们精神上的感悟能力的手段,或是作为稳定人们的社会关系的性质的手段。芬格莱特对于孔子天道观的阐释主要集中在"道"的研究和探讨上面,他认为,孔子的"道"具有超验的性质,"道"是超越于任何既定个体的,是一种一元的、肯定的秩序。"道"是人们有意识的行为的根据。郝大维和安乐哲对芬格莱特有关孔子之"道"的解析提出了批判,他们认为,孔子所说的"道"并非具有超验性,人是"道"的继承者和传播者,更重要的一点是,人是"道"的创造者,抹杀了人对"道"的创造性维度,自然抹杀了人的自主性,缩小了人的内涵。同时他们指出,孔子思想中时刻存在灵活性,因而将"道"定义为一种一元的、肯定的秩序并不符合孔子思想的本来面貌。

第六章,现代性的问题不仅仅是目前中国学界讨论的焦点,在西方也是一个重要的话题。在西方,关于现代性问题的讨论中,都表述了对人的不同理解,所以,讨论西方关于"自我"的概念的理解一方面有利于深刻地了解两种文化的异同,另一方面也可以在中国儒家文化中找到西方现代化危机的出路和中国现代化的途径。所以,郝大维和安乐哲、芬格莱特分别在他们的《论语》研究中讨论了孔子对于"自我"的看法。郝大维和安乐哲认为，中国儒家孔子的"自我"是以个人为焦点，以社群为场域的焦点—场域式的自我。芬格莱特认为孔子对于"自我"问题的看法与整个亚洲思想内的观点都有所不同。他认为，孔子对"自我"持一种肯定的态度，他认为每个人都应该用自己最旺盛的精力，广泛地培养自身的技能，并根据正确的原则来行动，而使自己成为一个真正的人。所以，芬格莱特指出对于孔子而言人最大的任务就是"修身"即"自我修养"，而并不是自我迷失或无我。

最后结论部分，指出英译《论语》的可译性问题已经得到学界的共识，但是每一部翻译作品都是译者在特殊时期的特定的文化语境中的产物，文本的意义是在不断地被诠释中充盈的。人类的跨文化的相互理解的可能性在于我们是否能够通过对人类古老智慧的了解，去为人类今天所面对的问题与挑战寻找资源，这不仅仅是文化沟通的现实意义，也是其终极目标。《论语》以及其他中国典籍的翻译与研究已经逐步走出了"西方中心主义"的桎梏，这不单单是西方文化发展特定历史阶段的诉求，也为中国儒家思想研究开拓了新的视野，同时也是全球文化多元化背景下的一种必然趋势。

第一章 《论语》英译的诠释学基础

　　《论语》英译本是西方人研究《论语》和孔子思想的基础，大多数西方学者是通过阅读《论语》英译本而了解并研究孔子思想的，它们是呈现在西方人面前的《论语》的"真实面貌"，所以，《论语》英译本是否准确传达了孔子和儒家思想的精髓，对于西方的孔子研究和《论语》研究起着导航的作用。

　　《论语》英译首先是作为一种翻译工作的结果呈现在我们面前的。由于翻译与诠释都是基于文本展开的理解与研究，所以它们具有密不可分的亲缘关系。

第一节　西方诠释学的发展历史

　　"Hermeneutics"（诠释学）一词来自于希腊的一个名叫"赫尔默斯"（Hermes）的神，赫尔默斯是奥林匹亚山上诸神的信使，负责将神的旨意传递到人间。由于神的语言和人的语言是两种不同的语言，所以，这种传递首先是翻译，将神的语言转换成人的语言。神的旨意有时晦涩难懂，所以这种传递不单单是翻译，还要对神的微言大义进行解释和阐发，以达到被不具神性的凡人所理解的目的。

　　诠释学作为一门研究理解与解释的学科，从古代到现代的历史发展至少经历了六种性质规定和三大转向。[①] 其一，作为圣经注释理论的诠释学。诠释学的兴起是与《圣经》的解释问题联系在一起的，《圣经》被看作是负载上帝意志的神圣文本，教徒们通过牧师或神学家对《圣经》文本的诠释来领悟上帝的意志并依照这种领悟来安排自己的生活。所以，诠

[①] 洪汉鼎：《诠释学——它的历史和当代发展》，人民出版社 2001 年版，第 21 页。

释学的最初目的是正确解释《圣经》中的语言。其二，作为语文学方法论的诠释学。随着西方理性主义的出现和发展，世俗著作得到重视。语文学试图从语言学和文献学的角度对古典文本进行分析和疏解。作为语文学方法论的诠释学的主要目的是对语法的解释和对历史的解释。其三，作为理解和解释科学或艺术的诠释学。施莱尔马赫把文本看作是作者的思想、生活和历史的表现，而理解和解释只不过是重新体验和再次认识文本所产生的意识、生活和历史。因此诠释学的任务不再是使人们接近上帝或真理，而是发展一种有助于避免我们误读文本、他人讲话或历史事件的方法。诠释学的目的是比作者更好地理解文本，同时又创造性地重新认识或重新构造作者的思想。在施莱尔马赫看来，理解的目的就是重新构造作者的思想和生活。其四，作为人文学科普遍方法论的诠释学。狄尔泰认为，自然科学与人文科学同样都是真正的科学，自然科学是从外说明世界的可认识性，而人文科学是从内理解世界的精神生命，所以，理解和解释是人文科学的普遍方法论。他认为，理解就是重新体验过去的精神和生命。其五，作为"此在"现象学阐释的诠释学。20 世纪 20 年代末，海德格尔的《存在与时间》出版，标志着诠释学从认识论到本体论的转向。海德格尔认为，理解不是主体的行为方式，而是此在本身的存在方式，诠释学是对人存在本身的现象学阐释。其六，作为实践哲学的诠释学。当代诠释学的最新发展是作为理论和实践双重任务的诠释学。这种诠释学不是单纯理论的一般知识，也不是一种应用的技术方法，它兼有理论和实践的双重任务。"与以往的实践哲学不同，作为实践哲学的当代诠释学是以亚里士多德的实践智慧为其核心，它试图重新恢复古老的实践智慧或实践理性概念以为人文科学规定其真正模式"[①]。

在诠释学经历了六种性质规定的同时，还存在三次重大的转向。第一次是从特殊诠释学到普遍诠释学的转向。诠释的对象从《圣经》等特殊的文本到一般的世俗文本。第二次是从方法论诠释学到本体论诠释学的转向。在这一过程中狄尔泰使诠释学成为人文学科的普遍方法论，在此基础上，海德格尔又提出诠释学的对象不是单纯的文本，而是人的此在本身，理解不再是对文本的解释，而是对人的生存方式的揭示。第三次是从单纯的本体论诠释学到实践哲学诠释学的转向。伽达默尔在 20 世纪 60 年代出

---

① 洪汉鼎：《诠释学——它的历史和当代发展》，人民出版社 2001 年版，第 26 页。

版的《真理与方法》开创了实践哲学诠释学的先河,强调"实践智慧"在当今世界的重要意义。

第二节 翻译与诠释学的关系

从诠释学发展的历史看来,语言性是诠释学的经验之媒。诠释学的最根本目的是"理解和解释",理解是对语言理解,解释也是对语言解释,所以,语言是理解与解释的媒介,也可以说语言是诠释学的起源和归宿。

一 语言——诠释学的起源与归宿

早在诠释学作为语文学方法论的时期,施莱尔马赫就提出"诠释学的一切前提只不过是语言"。随着20世纪60年代以来西方哲学"语言转向"问题的出现,导致了哲学家对于语言问题的自觉讨论。海德格尔在其后期的著作中赋予语言以一种中心地位,同时他也指出理解的语言性。他认为语言是存在的家园,是经验发生的媒介和真理澄清自己的场所。海德格尔认为理解是"倾听"。我们之所以能够"倾听"语言和文本,是因为它们在以自己的方式"说话","倾听"是听者主动参与意义构建的过程,是一个不断向文本和语言"提问"的过程,"倾听"的实质是对话。伽达默尔认为:"一切语言都属于理解的先行性质……理解就是在语言上取得相互一致,而不是使自己置身于他人的思想之中并设身处地地领会他人的体验……整个理解过程乃是一种语言过程……语言正是谈话双方进行相互了解并对某事取得一致意见的核心。"① "语言就是理解本身得以进行的普遍媒介,理解的进行方式就是解释。"② 可见,语言是诠释学研究中不可或缺的要素,脱离了语言的诠释学是不存在的。

二 翻译——一种哲学诠释学对话

一切理解所依靠的最基本的条件是语言,"翻译"作为一种语言活动与诠释学有着密切的关系。诠释学家一般都把翻译当作解释的一个特例,

---

① [德]伽达默尔:《真理与方法》(上),洪汉鼎译,商务印书馆2007年版,第525、518页。

② 同上书,第525。

翻译是诠释学研究的一个必不可少的方面。

"翻译"的概念有广义和狭义之分。狭义的"翻译"指将一种语言解释成另外一种语言，是"语际间的理解与解释"；广义的"翻译"既包括一种语言到另一种语言的解释活动，还包括同一语言内部的解释活动。"翻译"在诠释学的角度看是指广义的翻译，在哲学诠释学的创始人伽达默尔看来翻译是从一个陌生的语言世界转换到另一个自己的语言世界。陌生的语言世界既可以指母语之内的不属于某个人的语言世界，同时也可以指非母语的语言，这样一来，解释既可以指"语内的解释"，也可以指"语际间的解释"。所以，在哲学诠释学的视阈内翻译是"语际间的解释"，是解释的特殊行为，翻译是理解和解释的一种类型。

伽达默尔认为，一个文本要成为翻译的对象，这就意味着该文本对解释者提出了一个问题，而理解这个文本就意味着对这个问题作出回答。由这样一种问答辩证法，伽达默尔进而提出理解是一种对话。翻译便是译者与文本的对话，文本的意义由文本本身提供。当翻译者对文本进行翻译的时候，便进入了一个和文本之间的无限的对话过程。所以，对文本的阐释是一个无限的过程。"在对某一文本进行翻译的时候，不管翻译者如何力图进入原作者的思想情感或是设身处地地把自己想象为原作者，翻译都不可能是原作者原始心理过程的重新唤起，而是对文本的再创造，而这种再创造乃受到对文本内容的理解所指导。"[①] 文本意义的真正丰富是在它们被不断理解的变迁之中。

哲学诠释学认为，理解是一种对话，是在相互了解受到阻碍或变得困难的情况下显现出来的。当译者所面对的文本是外语文本的时候，在这种对话中，翻译者必须把所要理解的意义置入到另一个谈话者所生活的语境中。但是"由于这种意义在一种新的语言世界中被理解，所以这种意义必须在新的语言世界中以一种新的方式发生作用"[②]。语际间的翻译是两种不同的世界观的一个视域融合的过程，是翻译者不断地跃出自己的世界观，不断扩大自己的视域，进入到他人的世界观并与其相交融的过程，其实就是两种文明与文化不断进行交往的过程。所以，伽达默尔说："翻译过程本质上包含了人类理解世界和社会交往的全部秘密。翻译是隐含的预

---

① ［德］伽达默尔：《真理与方法》上，洪汉鼎译，商务印书馆 2007 年版，第 520 页。
② 同上书，第 518 页。

期,从整体上预先把握意义,以及如此被预先把握指物的明白确立者三者的不可分的统一。"①

第三节 《论语》英译过程中的诠释学理论前提

《论语》是纯粹的中国经典,它塑造了中国两千多年的文化,同时在这一文化脉络中被不断地塑造。在《论语》英译的过程中,中国儒家思想被西方人所了解,西方人在 300 多年的《论语》翻译和研究历史中,通过不断地"视域融合",对《论语》所体现的孔子思想有别于中国本土世界的新的解读。

《论语》是西方人了解儒家文化的第一步,翻译《论语》是这一过程的前提。对于《论语》的翻译首先涉及对它的理解和解释,即译者与《论语》文本的一个对话过程,即译者与儒家文明的"对话"。

《论语》是儒家的经典,所以,对于《论语》的翻译首先要从它的"经典性"方面来考虑。那么究竟什么是"经典"?"经典"首先是一种文本,这种文本是把一些人们自在的语言和行为进行自觉的定型的过程的结果,它包含着某一文化传统的核心价值观。一些文本之所以被称作经典,是因为经典文本充满了生命智慧,在其中蕴含着人类追求的某些基础性意义,它们能够为人们的思想和行为展现某种理路,启迪人生的方向,成为历史行动的力量。"经典"的以上功用是它的诠释者给予我们的解读,在此意义上,给"经典"命名的是它的诠释者。所以,"经典"之为"经典"首先是诠释者的理解和解释,"经典"并非只是原创者的产品,在很大程度上,它是被诠释者塑造和重构的。其次,"经典"是需要后代的诠释者与之进行不断的"对话",使它的释意不断的翻新,富有现代意义并与我们的生活联系在一起。就在这种开放性的诠释过程中经典本身也被不断地革新与充盈。

鉴于经典是在开放性的诠释过程中被不断地革新与充盈这样一种观点,《论语》在中国人眼中所蕴含的儒家的经典的价值观念是中国历代的诠释者赋予它的。虽然在中国的学术史上没有一种作为理论出现的诠释

---

① [德]伽达默尔:《语言在多大程度上规范思想》,曾晓平译,转引自严平《伽达默尔集》,远东出版社 2003 年版,第 182 页。

学,但是,思想家们正是通过对经典文本的不断诠释来传承一种思想传统,构建哲学体系的。经典之所以被称为经典是与它的后代诠释者的努力分不开的。所以,对于经典的"经典性"的准确把握,也即中国对经典的诠释的透彻解读是深刻把握经典的内在机理的前提与基础。《论语》自成书以来诠释者甚众,在南宋已经把对于《论语》的诠释称为"论语学"。任何一个翻译者也不可能穷尽中国历史上各家学派对于《论语》的诠释。但是,笔者认为,对于中国经典诠释者(尤其是儒家)的诠释特征的总体把握是准确解释《论语》的关键。在儒家的经典诠释传统中隐含着一种儒学特有的核心精神,它有别于西方的神学诠释学和哲学诠释学。《论语》之为儒家经典必然是它对儒学特有的核心精神的彰显,所以,儒家经典诠释特征就构成了理解《论语》得以可能的基本条件。理解的本质就是解释,翻译是解释的一种类型,所以儒家经典诠释特征便构成《论语》英译的诠释学理论前提之一。

在目前由伽达默尔创立的哲学诠释学对翻译问题的普遍观点被西方乃至中国的翻译界所普遍接受的今天,无论是中国的学者、海外华人、西方汉学家以及哲学家对《论语》的理解和翻译也不免受到哲学解释学原理的指导。哲学诠释学认为,翻译是对文本的再创造,对文本内容的理解是指导这种再创造的前提。

所以,在研究《论语》英译本的时候既要考虑儒家经典诠释的特质,在儒家经典诠释的特质中找到中国人对《论语》文本理解产生的前提,同时又要结合西方哲学解释学理论的指导性原则,以发掘《论语》的西方译者翻译的指导原则。这样才能够对《论语》的英译本以及近年来的西方《论语》和孔子思想研究作出较为客观的评价,以展示出《论语》和孔子研究者极具现代精神的思维轨迹。

一　在理解中"创造"

施莱尔马赫有一句名言:"我们的目标是比作者理解他本人更好地理解作者",在伽达默尔看来,文本与文本的作者是分离的,文本不一定代表着作者的意思,对文本的每一次理解都是以不同的方式,对于伽达默尔来说"不同的理解"比"更好的理解"更表现了理解的真理。文本并不具有一种一成不变的固定的意义。在文本的翻译过程中,译者并不是在完成一种重构文本原意的"历史的理解",而是在重新唤起文本原意的过程中加入译者自身思想的一个过程。根据哲学诠释学的理论，我们看出诠释学视域内的翻译已经从传统的"原本中心论"、"作者中心论"到以文本为中心的活动，翻译是在理解文本的情况下对其展开的一种创造活动。

英语世界的《论语》翻译者，对于《论语》文本原意的理解是建立在阅读《论语》文本，尤其是中国历代的有代表性的《论语》注疏的基础上的，也正是中国历代的《论语》注疏赋予《论语》的现实意义。西方的有些译本是参照例如朱熹对于《论语》的注解而进行翻译的。所以，不同时期《论语》的英译本，是在中国不同时期的《论语》注疏的基础上的翻译与研究，是不同年代的中西文化融合的缩影。

其实，儒学作为中国传统思想和文化的主体部分，我们似乎可以"将经学看作传统儒学的存在形态，通过对经典诠释的研究来探索儒学"[1]。在《论语》中孔子已经提及如何阅读、理解被后代称为"经"的古代典籍，孔子的这些言论被现代的一些学者认为是（如周光庆等人）儒学解释学的开创，它体现了儒学解释学的核心精神。

孔子在删《诗》《书》，定礼乐，赞《周易》，修《春秋》的过程中一直都遵循着"述而不作，信而好古"的原则。"'信而好古'是孔子对于西周礼乐文化和文王周公之道的基本态度，'述而不作'涉及的是孔子与六经之间的关系"，"孔子认为他的工作是对《诗》、《书》、《礼》、《乐》等先人'作'出来的作品进行'述'的工作"。[2] 作为诠释者角色的孔子一方面维护了被后人称作"儒家经典"的原创性，同时在"述"的过程中给"经典"留下了被诠释的空间，使经典具有开放性，并存有一种"被诠释性"即"被创造性"。

再者，在中国伦理范畴内有一对概念："经"与"权"，这是对于"儒家经典诠释"的创造性是极富启发性的一组概念。"权"在《论语》中出现："可与共学，为可与适道，未可与立；可与立，为可与权"（《论语·子罕》）。在《论语》中的"立"经常包含着立于"礼"的意思，所以这句话大致可以这样理解：可以同他一道学习的人，未必可以同他一道取得某种成就；可以同他一道取得某种成就的人，未必可以同

---

[1] 严正：《论儒学、经学与经典诠释研究》，《河南社会科学》2007年第1期。
[2] 陈昭英：《儒家美学与经典诠释》，华东师范大学出版社2008年版，第2页。

他一道事事依礼而行；可以同他一道事事依礼而行的人，未必可以同他一道通权达变。① 通过这样的解释，我们不难看出，"立"含有"礼"的意思，而"礼"在当时虽未被称为"经"，但它的确是被儒家所普遍接受的经常之道。而"权"则是放在与"礼"也就是我们称之为"经"的对立的关系中来理解的，它是一种"特殊性"，它通常代表的是对"经"的一种修正性。下面在《孟子》当中孟子以一个例子对"权"作了进一步的阐释。

淳于髡曰："男女授受不亲，礼与?"孟子曰："礼也。"曰："嫂溺则援之以手乎?"曰："嫂你不援，是豺狼也。男女授受不亲，礼也；嫂溺援之以手者，权也。"

这个例子同样告诉我们，"礼"作为儒家的经常之道，在特殊的情况下也要进行修正。"礼"作为人们行动的指南，在实际行动当中都会有一个"通权达变"的过程，所以"权"，既代表了一种修正性，同时也揭示了一种开放性。"经"与"权"的概念虽然最先是作为伦理概念提出的，"经"首先指被儒家认为是道德指南的经常之道，而对于被后人称为"经"的儒家经典文本，他们所记载的正是"礼"所规定和体现的方方面面的内容，儒家一代代诠释者对其的解释，也正是根据具体的时代需求对其进行"增益"的过程，这样，直至今日"经典"的经典性依旧存在。如果将"经"与"权"的这对概念放在经典诠释的语境中，"经"则相当于文本本身，是"原"，是一切变化的起点与归宿；"权"是"通"，是"变"，是对经典文本所作的各种诠释。所以，诠释是依于"经典文本"又是诠释者依据自身的特殊历史环境对"经典"进行通变和创新的过程。

"经典的永恒不仅仅在于超越具体的时间和空间，还在于经典作为事物自身是在人的参与和关照下持续地涌现其新的意义，在新的历史条件下不断呈现其存在的种种可能性。经典的真理并不是现成的自明的恒常存在，如果没有人的参与，真理就无处涌现和生成，作品的意义也就无法传承和延续。经典的真理和意义的发生及展开。是一个密切与人的生存相关联的永不止息永不封闭的过程。"② 当人们循着文字发展的线索追诉的原

---

① 杨伯俊：《论语译注》，中华书局 2006 年版，第 109 页。
② 洪汉鼎：《文字·诠释·传统——中国诠释传统的现代转化·总序》，转引自潘德荣《文字·诠释·传统——中国诠释传统的现代转化》，上海译文出版社 2003 年版，第 2 页。

初的图形,便深信自己达到了意义的源头。所以,对于经典的翻译,从形式上说,是力图阐明文本中的"原意",对其进行的每一次翻译活动都是"理解"的文字体现。而事实上,理解的真正出发点和归宿都是自己这个时代的"世界观念"。所以,每一次翻译活动都是其译者在理解过程中根据具体的历史环境对其进行再"创造"的过程。

二 在理解中"体验"

伽达默尔继承了海德格尔关于理解是此在的存在方式的观点,同时他认为理解本身是一种应用。诠释学是研究理解与解释的学科,伽达默尔认为在他的哲学诠释学研究范畴内:不仅把理解和解释,而且也把应用认为是一个统一的过程的组成要素。伽达默尔认为理解是一种具体的应用。应用不是理解现象的一个随后的和偶然的成分,而正是应用规定了整个理解活动。对于文本的翻译就是试图把这个文本应用于其自身。根据伽达默尔的论述,洪汉鼎指出:"诠释学传统从词源上至少包含三个要素,即理解、解释(含翻译)和应用的统一,所谓统一,就是说它们三者互不分离,没有前后之别,即不是先有理解而后有解释,也不是理解在前而应用在后。解释就是理解,应用也是理解,理解的本质就是解释和应用。"[1]

由此可见,在诠释学视域内的应用与我们日常所说的理解之后的应用是有所不同的,在诠释学范畴内的"应用"指的是:"把普遍的原则、道理或观点即真理内容运用于诠释者当前的具体情况,或者说,在普遍真理与诠释者所面临的具体情况之间进行中介。"[2] 对于"应用"的诠释也正说明了,在诠释学视域内的应用是把要理解的文本应用于解释者的特殊的诠释学语境。

伽达默尔在"语言"的层次上将"理解、解释与应用"合而为一。在语言的沟通中我们实现了相互的理解和解释,语言理解呈现为一种"对话"结构,"对话"的过程就是诠释学视域内的语言的应用过程。"应用"是以"语言"的形式呈现在读者面前的,"应用"的过程就是文本与译者之间的不断的对话过程。翻译文本的形成是根据翻译者的特定的应用目的,在当下应用情景的规定下与文本"对话"的结果。译本的形成即

---

[1] 洪汉鼎:《理解与解释——诠释学经典文选》,东方出版社 2001 年版,第 7 页。
[2] 同上书,第 6 页。

是理解、解释与应用的统一。

鉴于以上的分析我们可以将哲学诠释学语境中的"应用"看作是一种"认知的结果"、"理解的结果",它是以文字的形式体现的。但是对于经典的翻译只停留在语言层次上的认知是否就能够实现译者的目的?

儒家追求的最高境界是"成圣",德性修养是成圣的必由之路,对于儒家经典的阅读和理解是成圣的中间环节,因为理解经典并不是读经的最终目的,读经的最终目的对经典价值理念的参与和实践,读经在儒家看来绝不是一种客观性的概念的理解和推演活动,它是由理解到对经典价值的体现的一种主观的实践过程,儒家的经典诠释是以"经世"为目的的,所以有些学者(如黄俊杰)将之称为"体验"之学,是有"实践诠释学"特色的经典诠释传统。

《论语》中孔子对具有超越性的西周礼乐文化和具有借鉴作用的文王周公之道的阐发,它是孔子道德精神的源泉。孔子追求的是读经者与外在世界之间的互动关系,并且希望经典的价值理念被应用到政治领域。在《论语》中也有孔子的这种价值主张的体现:子曰:"诵《诗》三百,授之以政;不达;使于四方,不能专对;虽多,亦奚以为?"(《论语·子路》)再者,朱熹对于孟子的"浩然之气"解读也是将自己身心的体验诉诸经典意蕴的解读的。可见儒家经典诠释中的"应用"强调的是我们日常生活中所指的实践活动,它要求读经者不仅要对其进行充分的理解,理解只是读经过程中的一个环节,理解的最终目的是经典价值在现实生活中的体现。理解是一种直接获得实践结果的活动。所以,解经对于解经者来说是一个从精神到肉体,从认知到经验的一个全身心投入的过程。

所以,对于《论语》的译者来说,翻译过程更应该是译者对孔子所遵奉的超越价值的亲身体验,并根据具体的时代需求对其进行现代阐发的结果。对于《论语》的翻译,译者参考儒家经典史上权威的解经版本是必须的,因为对《论语》诠释的历史代表了以《论语》为核心的中国儒学的发展历程。但是基于儒家经典诠释的特点,将中国解经者的观点与注疏直接译成另外一种文字的从"文本"到"文本"理解,只是语言"应用"的体现,是西方诠释学指导下的翻译过程。这种翻译方法,将儒家经典中孕育的开放性、创新性和实践特征洗涤的荡然无存,它使译本欠缺现代的视域,缺乏时代的精神,只是对前人研究成果的复制。儒家经典中所蕴含的强烈的体验精神也没有得到呈现,这种译本只是翻译的认知过程的结果，而没有体现儒家读经的真正目的——对经典深入的理解与实践，并使之成为译者悠然入圣的过程。所以，对于《论语》的翻译至关重要的一点就是译者要时刻关切孔子所遵奉的"德性"修养过程中的每一个不可或缺的环节，并对其进行亲身的体验，在体验的基础上融合自身的特殊历史需求，对其进行新的理解。所以，对《论语》乃至其他儒家经典的翻译当中，译者对儒家所追求的最高境界乃至通往最高境界的每一个环节的亲身体验与参悟是精准地把握儒家经典并对之进行时代意义阐发的关键。

三 在理解中"建构"

对于文本的翻译在诠释学的境遇内也是一种理解过程。理解是对真理意义的追寻。所以，对于文本的翻译过程也就是对文本意义追寻的过程。对一个文本里的真正意义的汲取是永无止境的，它实际上是一种无限的过程。文本意义的追寻是在历史中进行的，所以，"时间"是文本意义得以汲取的一个重要因素。每一个时代对于传统都有一个特殊的视角和兴趣，并且是在传统中理解自身，所以，文本的意义同时也是由解释者的历史处境所规定的。

文本在它得以创造的年代，其原始的解释者"并不比作者具有更正确的理解标准"，因为他们是"鉴于一种不自觉的并无法控制的前见对作品表示赞同或反对，只有时间距离才具有消除这些时代前见并让作品的意义和价值真的得以呈现"[①]。所以，一个文本真正的现实性只有在脱离了它所创作的那个时代才会真正的显示出来，同时一个文本意义的充实是在它被不断的理解的变迁之中。经典文本之所以能够历久弥新正是在时间距离中由于不同的客观历史进程所表现出的不同的偏好而被不断的理解和意义充实的结果。

对于文本的理解和意义充实的结果表现为不同解释者与文本进行视阈融合时解释者与文本对话的结果，它是解释者意义筹划的结果，在笔者看来它也是对解释者的思想结构的建构和彰显的过程。文本翻译是一种特殊的解释方式，文本翻译的过程也是对文本进行意义建构的过程。按照伽达默尔的观点，文本的意义超越它的作者，不是暂时的，而是永远如此的。

---

① 洪汉鼎、傅永军：《中国诠释学》（第六辑），山东人民出版社2009年版，第34页。

理解是永远保持开放的。文本是作为"事情本身"在它的外观中的部分的表现，文本本身并不随着时间的推移而改变，文本的理解过程是对其进行再创造的过程，但是由于对文本的每一次理解过程都是对于文本的某个方面不完全的表现过程。所以，对于文本的每一次翻译都是一种创造性行为，都是译者对于文本在自身的历史传统中的视域融合的结果，是译者在自身对文本理解中对于文本的建构过程，这是文本持续存在的方式。

在中国哲学史的发展历程中，经典诠释构成了哲学家和思想家建构自己的哲学体系和思想体系的主要方式。以《论语》为例的儒家经典在不断地被诠释的过程中其意义得到丰富，同时对其的不断理解过程，也是中国哲学不断发展的过程。中国的哲学家和思想家在追求文本中真理性内容的同时则更重视借诠释来表达自己的思想，而有时是为了表达自己的思想而不忠于文本，这一点也正体现了"进行理解活动的意义境域是永远开放的"哲学解释学理论。

中国古代关于《论语》的解释从两汉时期的疏解体例以"说"、"注"为主到魏晋时期的以"集解"为主，这种体例"征引旧说，有不安之处，间下己意"[①]，到了南北朝时期，则："汇通经典义理，加以阐释发挥；广搜群书，补充旧注，穷明原委；根据'疏不破注'的原则，对经文进行补充、发挥。"[②]《论语》学在隋唐时期经历了中衰之后，在宋元明时期又走向了复盛期。在这一时期《论语》的注解方式发生了重大的变化。在文字解释的同时，对义理的解读和阐发是他们注解的重点和目的，由此《论语》学也进入到"理学"时期。宋明学者以注释经书为手段，借以阐发新儒学，即由训诂以通义理。到了清代，《论语》的解释加入了浓厚的经世色彩，许多学者利用春秋公羊学的理论来解释《论语》，这一时期的《论语》解释也在重训诂的基础上发展清代的考据学，同时注重阐发程朱陆王之学。从以上的《论语》注解的历史我们可以看出，《论语》的解释者的解释趋向是以经典为手段来构建自己的思想体系的。而这种建构过程也正是哲学的真正发展和真正的创造过程。

《论语》的翻译也从"西方中心主义"走向了中西方的"诠释与对话"。翻译《论语》其实也是给予《论语》以现代意义建构的过程，《论

---

① 唐明贵：《论语学史》，中国社会科学出版社2009年版，第169页。
② 同上。

语》当中蕴含的宝贵的人类精神财富不单单是中华民族的，它更是世界的，也是全人类的。站在中国传统文化的立场上，参照中国经典的注释版本去解读和翻译《论语》是必要的，但是赋予《论语》以新的域外视角的重构更是时代和人类的需求。《论语》以及其他中国儒家经典的翻译版本构成了研究儒家思想的一个重要方面。它是海外新儒家思想体系构建的一种重要手段，它在现代新儒学的建构中起到了重要的作用，是现代新儒家发展的一支重要的力量。同时海外新儒家的研究成果给国内的现代新儒家学者以一个独特的视角来重新审视我们似乎已经麻木了的传统文化。所以，我们期待有更多的具有哲学修养的翻译者来作经典翻译，这样的译本才是真正的在理解中的建构，在理解中的创造，它会引领当代中国哲学朝着一个广阔的方向前行。

四 在理解中"合一"

在伽达默尔的哲学诠释学中有一个概念叫作"完满性前把握"。这个概念对于理解"理解"的前提条件是至关重要的。伽达默尔认为完满性前把握具有两种意义，即内在的意义和超越的意义。内在的意义指"先假定文本的意义是内在统一的，即它的内容是融贯的，不是矛盾的"；超越的意义指"先假定文本所说的东西是真的"①。伽达默尔认为理解是在假定文本所说的内容是统一的，真的这种前见的真理性的可能性失败了的情况下，而把文本理解为他人的见解的这样一个过程。所以，"完满性前把握"是理解的首要条件，体现了意义的完整统一性的文本才能被理解。只有解释者在解释文本之前假定文本的意义的内在统一和真理性，那么在解释的过程中他才会怀疑他关于文本里表现的内容的前见，否则就不存在所谓的解释者的理解。这样解释者才会把文本理解为他人的见解，与之产生对话，并认为文本向解释者提出了一个问题，在"问答"结构中达到对文本的理解和创新。

在中国儒家经典诠释的传统中，经典诠释者首先也是将经典文本认为是一个内在统一的意义整体，但同时强调读经者如何对经典中的价值理念身体力行。"身"与"心"的概念在儒家传统中始终被认为是一体的。王

---

① 洪汉鼎、傅永军：《中国诠释学》（第六辑），山东人民出版社2009年版，第27页。

阳明说："何谓身？心之形体运用之谓也？何谓心？身之灵明主宰之谓也。"① 在儒家经典诠释的过程中也体现了这样一种身心合一的特质：这种解经途径浸透身心，身心融贯为一，并由知行合一，将具体性与超越性合而为一。"身"与"心"的密切交融和内外交辉是必不可少的。因此我们可以说中国的儒家经典诠释是"一种以'人格'为中心而不是以文字解读为中心的活动"②。中国儒家经典诠释的中心问题在于：如何受文本感化，从而转化读经者的生命。③ 在儒家看来，经典诠释是"成圣"的必由之路，因而它有别于哲学诠释学理论所强调的理解是一种以文本为中心展开的追求真理性内容的对话。

对于中国儒家经典的翻译，笔者认为在追求理解和创新的过程中，更重要的一点是译者对经典中所蕴含价值理念的深刻体悟基础上的"身心合一"过程。对于经典的翻译首先是一种认知，然后是体验，最终是主客合一的"致知"过程。这种"致知"的实现以理学的视角来看是在"格物"的过程中实现的。从"格物"到"致知"的过程，也正是"理一分疏"中由"分疏"体会到"理一"的过程。这种过程是每一个经典诠释者所必需经验的过程，因为只有经历了这样过程诠释者才能真正参悟到经典中的"道"，并与之合一。

那么，同属于经典诠释者的经典翻译者对于中国儒家经典的翻译也必然是一个由"格物"到"致知"的系统工程，是译者用身心去感知，并将这种深刻的体会用不同的文字记录下来的结果。

本章小结

每一次翻译活动都是以不同的方式对文本进行的一次新的理解。儒家经典翻译是儒家思想域外传播的重要手段之一，同时它也是经典以更广阔的视阈获得继续存在的基础。西方和中国在各自的历史发展进程中都发展了具有特色的诠释理论与方法。《论语》作为中华民族具体的思维方式指引下的具有权威性的文本，不但对中华文明同时也对世界文明产生了深远

---

① 王阳明：《大学问》（下册），上海古籍出版社1992年版，第971页。
② 黄俊杰：《论东亚儒者理解经典的途径及其方法论问题》，转引自洪汉鼎、傅永军《中国诠释学》（第六辑），山东人民出版社2009年版，第104页。
③ Robert Eno, "Towards a History of Confucian Classical Studies", *Early China*, No. 17, 1992.

的影响。哲学诠释学的翻译理论和儒家经典诠释传统作为译者在翻译《论语》时的一种"前见"和"前把握"必然会对译文产生一定的影响。所以掌握中西方诠释理论和方法中的共性和个性，在研究《论语》英译本和西方的《论语》研究成果时是具有指导意义的。

但是在《论语》英译的研究过程中，我们还要意识到，译者对于翻译过程的核心作用。就译者来说，文本是非客观的，它是主观的，文本作为一个由语言构筑的世界，是经过译者意向性选择的一种对象化，它是译者主观世界和文本世界融合的产物。不同的译本必然显示其译者的世界观和价值观。

同时，从哲学诠释学的视角来看，理解本身是一种效果历史事件，而诠释学的目的之一便是在理解本身中显示历史的实在性。译者作为一种历史存在，不同时代的《论语》译本，必然因为历史背景不同的译者，而具有时代的显著特点。所以，我们不应该将《论语》英译的研究仅仅作为一种文本再生、一种语言活动、一种文化活动，同时我们更应该将其看成是一个历史活动，在研究过程中显示《论语》英译研究的历史实在性。

第二章　20世纪70年代后西方孔子思想研究概述

第一节　西方现代《论语》研究的奠基者：赫伯特·芬格莱特

赫伯特·芬格莱特（Herbert Fingarette）（1921— ），美国加州大学洛杉矶分校哲学博士，1948年起长期任教于加州大学圣巴巴拉分校，现为该校哲学系荣休教授（Emeritus Professor）。美国著名的哲学家，曾任美国哲学学会主席。他的主要研修领域是道德哲学、心理学和法学。芬格莱特的主要代表作有《转化中的自我》（The Self in Transformation，1963），《犯罪精神病的意义》（The Meaning of Criminal Insanity，1972），《酗酒：酒精中毒症的神话》（Heavey Drinking：The Myth of Alcoholism as a Disease，1988），《死亡：哲学的探测》（Death：Philosophical Soundings，1996），《自欺》（Self-Deception，2000）等。芬格莱特不懂汉语，也不是严格意义上的汉学家，但他可以称得上是现代西方孔子研究的奠基者，他的孔子研究开拓了西方孔子研究的独特面貌，并开启了西方对于中国思想文化研究的新方向。

芬格莱特的孔子研究成果集中体现在他1972年出版的《孔子：即凡而圣》（Confucius：The Secular as Sacred）一书当中。这本书的正文部分不过只有82页，由5篇论文组成。但是这本书却得到了西方几乎所有从事先秦思想研究的汉学家的注意，它开辟了西方孔子乃至中国思想文化研究的一个新的时代。

首先，芬格莱特向西方传统中中国先秦思想研究的二元取向提出了挑战。传统的西方先秦思想研究是以中国的考据学为学术基础，却将孔子的思想与西方的现代价值放在一个天平的两端来加以评判。而芬格莱特却将之颠倒过来,利用西方日常语言分析哲学来阐释中国的价值观念。在芬格莱特的研究中,他试图跳出"西方中心主义"的价值评判标准,以揭示孔子思想的本来面貌。所以他在《孔子:即凡而圣》一书的序言中就指出:"《论语》最初可能是被当做近似基督伦理箴言的东西来阅读的,或者由于预示了基督教神学,孔子因此而被发现是值得尊崇的……在新近的翻译中,基督教成分表面上消失了,但欧洲思想背景的假想观念或预设却还常常存在。"①"我希望重新检视孔子的《论语》,以其自己的用语讨论它。我希望发现孔子本人认为是重要的东西,而不是我认为重要的东西。我希望发现孔子所要提出的问题以及他认为是合适的那种答案,而不是我所要提出的问题以及我认为合适的答案。"

其次,芬格莱特的孔子研究开拓了西方孔子礼学研究的新纪元。在西方,受启蒙心态的影响,人们都将"礼"等同于封建礼教,所以在宣扬个人主义的世界中对之加以回避。但是,芬格莱特认为,孔子更关心的是人类作为一个社群而非个人的存在。所以,他认为孔子的中心思想是"礼",并从中国哲学所关注的人性的视域对"礼"进行解读。他认为:人是礼仪性的存在,"礼"统合了人的存在的多重维度,它不仅具有鲜明的人文性格,而且还具有某种"神奇的魅力",同时它还具备道德和宗教的某些特征。芬格莱特使"礼"不单单具有历史意义,使它更具有现代意义。自此之后,"礼学"成为了当代英语世界孔子研究的基本平台,它使得西方的孔子研究摆脱了中国本土哲学史家的影响,它既不同于中国和一些东亚国家,也不同于英语学术界的华裔汉学家如陈荣捷、杜维明等人的观点,从而建构了有一定特色的学术传统。

第二节 文化普遍主义视角下的《论语》研究:
本杰明·史华慈

自20世纪后半叶以来,西方的儒学研究进入到了另一个新的发展高潮。在美国,形成了两个比较有影响的儒学研究圈,即以波士顿为中心的波士顿儒学和以夏威夷大学为中心的夏威夷儒学。本杰明·史华慈就是波

---

① [美]赫伯特·芬格莱特:《孔子:即凡而圣》,彭国翔译,江苏人民出版社2002年版,第2页。

士顿儒学的代表人物之一。

2000年,南乐山《波士顿儒学》一书的出版标志着这一学派的正式确立。波士顿儒学以查尔斯河为界,形成以南乐山（Robert Cummings Neville）与约翰·白诗朗（John Berthrong）为首的河南派,以杜维明为首的河北派。波士顿儒学也可以叫"对话派儒学"。以南乐山等人为首的河南派注重儒学与基督教的对话,以杜维明为首的河北派注重儒学与伊斯兰教等东方文明的对话。南乐山和杜维明都认同儒学的价值,但是强调个人修身的重要性,向往天地人合一的终极境界,在先秦资源方面杜维明更重视孟子和"仁"的涵养,而南乐山所追求的终极境地是基督教的终极关怀。南乐山重视荀子的"礼"学,希望以荀子"礼"的精神强化现代人的社会责任感。

波士顿儒学的成员主要来自哈佛大学和波士顿大学。哈佛大学的汉学研究传统是由美国汉学的奠基人费正清所确立的。他们以中国近现代史以及中国革命的研究为中心,关注中国社会的整体变迁,还有少数人研究思想史。作为费正清的学生,史华慈的研究跨越思想史与政治学的领域。从20世纪50年代早期到90年代晚期的四十多年中,他在哈佛大学政治与历史系的教学和科研工作的显著成绩使他成为了美国的中国研究领域泰斗级人物。

1916年12月21日,本杰明·史华慈（Benjamin I. Schwartz）生于美国马萨诸塞州波士顿东部的一个犹太人家庭。自幼聪颖,学习刻苦,在波士顿拉丁学校学习,并获得去哈佛大学求学的奖学金,于1934年进入哈佛大学学习,1940年获得哈佛大学教育学硕士学位。二战期间,因为语言天赋被美军派到日本学习日语,协助情报部门破译日军密码,后来又在日本新闻行业做过检查工作。1946年从部队服役回来,再次进入哈佛大学进行东亚问题研究,于1950年获得博士学位。1951年开始在哈佛大学政治和历史系执教,直至1987年退休。1999年11月14日,史华慈因病与世长辞,享年82岁。

作为一位思想史学家,他在《中国古代的思想世界》中提出如下的观点:"与某些文化人类学家不同,思想史家必须对所有那些为整个文化提供了超时间的、超问题意识的"关键答案",对提供了导致得出西方文化是X,中国文化是Y之类的鲁莽的、全球性命题答案的一切努力保持着深刻的怀疑。和希腊古代思想一样,中国古代思想对古代文明的那些问题也不会提供单一的反响。从轴心期时代这些文明的共同文化取向之中所兴起的并非是单声道的反响，而是得到不同程度认同的问题意识。当人们从整个文化取向的层面下降到问题意识的层面上时，跨文化的比较就会变得激动人心和富于启发性。真理往往存在于精细的差别之中，而不是存在于对于 X 文化和 Y 文化的全球性概括之中。尽管人类还存在着由各种更大的文化取向所造出的迄今未受质疑的差距，但在这个层面上，人们又再次找到了建立某种普世性的属于人类的论域的可能性。"①

汉学家葛瑞汉的一句话精确地概括了史华慈的学术中心立场："普遍主义"。因为史华慈相信："由于有了思想，人类才能交流，交流沟通是人类文明进步与和谐相处的必要条件。思想是跨越文化的存在，能够交流与沟通。"② 他在美国被看作是一个"反潮流式的人物"。因为它不相信任何一个系统，并怀疑系统的可读性。作为一位中国思想史研究专家，他不把中国的思想看成是一个孤立的系统，而将之放在较大文化的脉络中，这个脉络包括思想背后的历史和文化环境，同时它也是某种思想和统一或不同时空中的其他思想间所构成的关系。

史华慈的人文主义以对人性的沉思为出发点，以理性精神和宗教情操的结合作为沟通天人之间的桥梁，关注的中心问题是人类将走向何处。学界将史华慈关于人性的思索和他所揭示的与众不同的人文主义称作"史式的人文主义"。林同奇认为："史式的人文主义不是逻辑建构的结果，而是对人生、历史、思想、文化长期观察与思考的产物……对人的关注与对超越的渴求相结合，'实用主义'与理想主义相结合，对人的困境与人性奥秘的关注，强烈的批判意识和反潮流精神，对道德伦理与个人'修身'的强调，对古老的轴心文明中精神道德资源的开掘。"③

在研究中，史华慈坚信，人类所面对的事实和经验具有相似性，所以人类在面对问题和解决问题时所采用的思维方式也是相通的，所以不同文化之间的沟通和理解是可能的。史华慈在研究历史的同时注入了他深刻的

---

① ［美］本杰明·史华慈：《古代中国的思想世界》，程钢译、刘东校，江苏人民出版社 2004 年版，第 13 页。

② 程钢：《跨越文化的思考——关于史华慈教授》，转引自许纪霖、宋宏《史华慈论中国》，新星出版社 2006 年版，第 530 页。

③ 林同奇：《他留给了我们什么——史华慈史学思想初探》，转引自许纪霖、宋宏《史华慈论中国》，新星出版社 2006 年版，第 292 页。［美］本杰明·史华慈：《古代中国的思想世界》，程钢译、刘东校，江苏人民出版社 2004 年版，第 12 页。

现实情怀。所以,他在《古代中国的思想世界》一书的导言中说道:"促使我写本书的是这样一种信念:超越了语言、历史和文化以及福柯所说的'话语'障碍的比较思想研究是可能的。这种信念相信:人类经验共有同一个世界。"①

在史华慈的研究中,我们可以看到这样一种坚定信念,即由于人类所面对的事实处境有其相似性,所以作为面对和解决问题的思想方式也是可相通的。人类跨文化互相理解的可能性在于我们是否能够通过对人类古老智慧的了解,去为今天人类所面对的问题与挑战寻找资源。因为,在人类近几千年的发展中,所面临的基本问题就是社会的发展与基本的伦理价值、政治与道德、生活的形式与内容之间的冲突与矛盾。所以,在整个人类面临着同样的基本矛盾的情况下,中西方文明进行诠释与对话的真正意义是要在对话中理解自我,在对话中找到解决人类现实危机的"普世价值"。

"史华慈"一词,意思是历史、中国、同情心。它代表了史华慈的主要学术研究领域中他对儒学的基本态度。作为一名在美国土生土长的汉学家,他与波士顿儒学学派中的很多代表人物有所不同,他的博士论文同时也是他的第一本著述《中国共产主义与毛泽东的崛起》(*Chinese Communism and the Rise of Mao*),奠定了他中国共产主义运动研究先驱者的地位。他对于中国历史的研究,尤其是中国思想史方面,是他在美国汉学界的主要贡献。他已出版了有关中国思想史研究的两本著作:《寻求富强:严复与西方》(*In search of Wealth and Power:Yen Yu and the West*)、《古代中国的思想世界》(*The World of Thought in Ancient China*)。

《古代中国的思想世界》是史华慈的巅峰之作,他从中西比较的研究视角,对先秦的思想世界进行了分析性重建。史华慈采用反思性的分析方法,在研究过程中它并不想获得人人认同的某种定论,而是以世界的眼光表现了中国文明与其他文明之间的包容力和张力。在对中国古代思想史的研究过程中,他对西方当代的流行思潮进行了反思,并对中国传统思想和西方当代思潮进行了比较研究。他对待中国的儒学,就像他的中文名字"慈"所体现的那样,怀有同情、理解的态度,他推崇儒学,希望西方人

---

① [美]本杰朗·史化慈:《古代中国的思想世界》,程钢译,刘东校,江苏人民出版社2004年版,第12页。

们对儒学有一种新的认知和理解。

在《古代中国的思想世界》中，史华慈运用了近五分之一的篇幅来讨论孔子的思想。在分析孔子思想的过程中，史华慈采用他一贯的分析方法——"问题意识"（problematique）。所谓"问题意识"，是在思想学派发展过程中出现的对已有共同价值预设的怀疑和否定，它是由相关的议题所组成的问题群，没有固定的答案，答案的内部充满张力，即史华慈所说的富有成果的歧义性或模糊性（fruitful ambiguity）。在研究《论语》的过程中，史华慈将《论语》的思想称作"通见"（vision），"通见"是指某个学派大部分成员共通的总体观点与立场，代表了学派的总体特征，是一个学派进行内部认同的特征。①"问题意识"与"通见"并不是对立的范畴，"问题意识"是在"通见"的不断达成与变化中产生的，"问题意识"确保了现实处境不断更替的过程中，对"通见"给予不断的补充与更新。在"通见——问题意识"的交互作用过程中，史华慈向我们展示了清晰而又复杂的孔子思想与现实的历史面貌。他的这种研究方法，跳出了西方中心主义的圈子，将中国文化传统作为一种特殊的生存样式和生活经验，希望通过《论语》思想的研究乃至中国古代思想的研究来找到理解中国和西方的自我理解的道路。

第三节　比较哲学视域的《论语》研究：郝大维、安乐哲

"夏威夷儒学"被称作"诠释派"儒学。诠释学派的形成是在西方理性分析方法的影响下，将现象学、逻辑经验论、语言分析、过程哲学、实用主义以及社会批判理论等多元思想融和的结果。他们认为中国哲学以生命本体为依归，把中国的文化与哲学提炼为人类走向理解与融合的一个重要通道。成中英（Chung Ying Cheng）是夏威夷学派的主要代表人物，他创立了"本体诠释学"，安乐哲和郝大维也是夏威夷学派的主要代表。

安乐哲（Roger T. Ames），1947年生于加拿大多伦多，英属哥伦比亚大学本科与硕士，1978年获伦敦大学博士学位。现任夏威夷大学哲学系教授、夏威夷大学和美国东西方中心亚洲发展项目主任、《东西方哲学》

---

① ［美］本杰明·史华慈：《古代中国的思想世界》，程钢译、刘东校，江苏人民出版社2004年版，第490页。

主编、《中国研究书评》主编。曾任夏威夷大学中国研究中心主任、台湾大学哲学系客座教授、剑桥大学访问学者、香港中文大学哲学系余东旋杰出客座教授、北京大学客座教授、第五届汤用彤学术讲座教授和第四届蔡元培学术讲座教授。他主要从事中国哲学经典的翻译和中西比较哲学的研究，翻译的中国哲学经典有：《论语》《孙子兵法》《孙膑兵法》《淮南子》《道德经》《中庸》等。

郝大维（David L. Hall）（1937—2001年），耶鲁大学美国哲学及中西比较哲学专业博士，是一名哲学家，美国德克萨斯大学哲学教授。著有《爱欲与反讽——哲学无政府主义绪论》《经验的文明：一种怀特海式的文化理论》《多变的凤凰——朝向后文化感性的探索》等。郝大维是通晓怀特海哲学的专家，他将文化哲学视为所有哲学的首要类比点。在他看来，文化哲学是在所有其他形式的哲学间贯彻类比关系的环围语境。郝大维以下的一段话表明了在他的思想中文化哲学是什么以及应该是什么："对怀特海的哲学，我采用了一种建构的、综合的眼光，而非辩证的或分析的方式。就是说，我让通过分析辨别其他概念、通过辩证讨论批评其理论的目标，从属于通过对怀特海的特定概念和理论的类比式推展建构一种文化理论的目的。"[①]

在郝大维和安乐哲合作以前，郝大维在西方文化内部对比他视为主流传统的逻辑的、单一源头的秩序与生机勃勃的涌现的创造性的、无常的、美学的秩序。在与安乐哲合作以后，他将前者归于西方，而后者归于儒家的中国，发展出了一系列西方与中国的鲜明对照，简要地将两种文化秩序（逻辑的和审美的）并列起来。

郝大维与安乐哲将自己的哲学命名为"比较哲学"。他们将汉学训练与哲学分析结合起来，在合作十几年中，他们完成了中西比较哲学三部曲，堪称中西比较哲学的奠基之作：《通过孔子而思》（*Thinking Through Confucius*）、《期望中国——中西哲学文化比较》（*Anticipating China: Thinking Through the Narratives of Chinese and Western Culture*）和《汉哲学思维的文化探源》（*Thinking from the Han: Self, Truth, and Transcendence in Chinese and Western Culture*）。他们的合作在艰巨的跨传统文化哲学的学术计划中展开，郝大维将自己的哲学见解带进了安乐哲的汉学，他们中西文

[①] David L. Hall, *The Civilization of Experience*, New York: Fordham University, 1973, p. ix.

化互补的学术背景为他们的合作奠定了学术基础。

身为哲学家的郝大维早在 20 世纪 80 年代,就在作品中将西方哲学强调确定单一的主流传统与肯定不确定多元的非主流传统进行了对比。[①] 与安乐哲合作以后,他便将此种思路挪移到了中西文化的比较之中,即把西方哲学内部主流与非主流的对比置换成了中西文化的对比。郝大维和安乐哲的比较哲学研究认为,中国哲学和西方哲学代表了两种不同的文化系统,在这两个系统当中有同有异,更值得我们关注的是两种文化的异质元素。他们认为文化间彼此认可的方法之一便是将不同文化之间的共性和差异性作为处理理论和实践的问题方法。他们注重中西方哲学在形而上学和宇宙论方面的基本假设的相异性,希望通过相异性的揭示,以达到不同文化传统之间的理解。二者认识到了西方自巴门尼德和芝诺以来形成的理性与经验分离的思维危机,从西方人理解中国文化的几个常悖的假设(内在的宇宙论、反向性概念和传统)出发,在细致深入的比较研究中提出,中西哲学的区别主要在于三个范畴:自我、真理和超越。如果人们能够深刻理解中西哲学在这三个范畴上的区别,其他的差别便可以迎刃而解。

在郝大维和安乐哲的研究中他们并不满足于中西哲学在基本语法与词汇上的不同,他们在文化哲学的层面上展开研究,希望通过文化比较来实现对中国文化的理解,同时将其作为反思西方哲学的武器。在他们对孔子思想的诠释过程中,提出了诠释孔子思想的三项基本预设假定,即:内在性与超越性;两极性与二元性;传统性与历史性。针对以上三方面的基本假设,他们希望能够展现孔子思想与西方哲学传统间的基本差异,并以一种自觉的哲学态度来实现包括《论语》在内的中国哲学文本的更深层次的翻译和诠释。比较哲学的最重要目的之一就是在其他思想文化研究过程中,发掘自我文化之中被忽略的成分。他们将研究孔子思想的著作命名为"通过孔子而思",通过题目我们可以看出他们希望在阐明孔子主要思想的同时,将孔子的思想作为实践自我之"思"的媒介。

他们相信,译者可以利用一种"揭开原意"的方式来翻译《论语》。而实现这种目标的前提便是对西方现有的对孔子思想的一些主要理解和诠释方式提出质疑。找到这个前提的关键在于跳出西方的哲学范畴和基本预

---

① 何恬:《此山之外——20 世纪 70 年代以来的英美孔子研究》,《孔子研究》2009 年第 2 期。

设，去挖掘中国文化传统中独特的理论前提，以阐明西方对中国文化的理解存在"误读"的根源。郝大维和安乐哲的《论语》研究比较系统全面，他们对孔子思想中出现的重要意义负载词均有论述，从孔子的思维方式入手，对他的社会政治思想、教育哲学、人生哲学、伦理道德观以及宇宙观等方面展开了全面的论述。他们认为，孔子这一历史人物，在中国历代注经者的注疏中被不断完善，使他成为一个拥有文化品格的"集体人"，获得了一个"全体性自我"的形象。

郝大维和安乐哲相信孔子并不是西方人眼中的僵化的道德家，而是一位传统的缔造者，他的思想会为西方哲学提供另一种全新的范式。他们认为孔子思想在当今时代的"式微"状态是由于缺乏对孔子思想的创造力而导致的。孔子的思想并不是一些教条，这种教条需要我们去进行创造性的应用。所以，他们说："孔学的式微也是儒者们未能使自我创造精神'从心所欲'的失败。"① 通过他们的论述也启发了国内的儒学研究者对儒学的当代价值的进一步思考。郝大维和安乐哲翻译和研究《论语》的最终目的是发现西方文化与中国文化的关联性，期望彼此有相互启迪的功能。中西两种不同思维方式间的交流必然会形成具有时代特征的改造，它建构了一种"对话"。这种"对话"是一种自我的延伸，是一种随时接受迥异视角冲击的开放心态，也是一种自我与他人不断丰富的有效途径。所以，他们的研究的初衷虽是为解决西方单一思想文化内部无法解决的矛盾而起，但是也为国内的儒学研究注入了新鲜的血液，同时对于"跨文化有效沟通"这一时代主题更具有深省价值。

第四节 文化特殊主义视角下的《论语》研究：葛瑞汉

葛瑞汉（Angus C. Graham，1919—1991），当代英国著名汉学家和哲学家。1919年7月出生于英国威尔士的珀纳思（Penarth），在1932年到1937年葛瑞汉在希罗普郡的埃尔斯大学学习，毕业后就读于牛津大学神学院并于1940年毕业。毕业后参加英国皇家空军，1944年至1945年在军营中学习日语，后来被派到马来西亚和泰国等地英军中任日语翻译。

---

① [美] 郝大维、安乐哲：《通过孔子而思》，何金俐译，北京大学出版社2005年版，第385页。

葛瑞汉虽然专修神学，但是他却对汉学情有独钟。在1946年葛瑞汉进入伦敦大学亚非学院选修汉语，1949年以优异的成绩获文学学士学位，毕业后留校担任古汉语讲师。1953年他以《两位中国哲学家——程道明和程伊川》为题的博士论文，取得哲学博士学位。葛瑞汉一生在伦敦大学亚非学院担任古汉语教师，在1981年当选英国文史哲研究院院士。尽管葛瑞汉久居伦敦，但他热心讲学，以访问学者、客座教授的身份讲学于香港大学、耶鲁大学、密歇根大学、康奈尔大学人文学会、新加坡东亚哲学研究所、台湾清华大学、布朗大学和夏威夷大学等高等学府。

　　葛瑞汉被誉为是20世纪最著名的汉学家之一，他以博大精深的学术成就蜚声四海。葛瑞汉的著作涉及面很广，他不仅对中国的语言、哲学和诗词有较多的译作，同时对中国哲学进行了开创性的研究。在40多年的学术生涯中，治学严谨，成为20世纪最著名的汉学家之一。他的如此盛名不仅是基于其著作的数量和质量，而且还基于其著作涉及范围之广。他对《庄子》《列子》的翻译，以及晚唐诗作的权威译作，堪称精品。他的《两位中国哲学家——程道明和程伊川》已经成为西方汉学界程朱理学研究的典范之作。他的《论道者——中国古代哲学论辩》（*Disputers of the Tao*）已成为关于中国思想史研究的权威英语著作。因此，他被认为是西方最重要的中国哲学和语言的阐释者之一。

　　葛瑞汉站在普遍文化观的立场提出文化的特殊性，他将中国文化视为西方的"异类"，在当代西方哲学的背景下研究中国古代思想。他认为在对待不同文化间的关系上，自己属于通过文化的所有相同点来揭示与受文化制约相关的，以及与汉语和印欧语系结构差异相关的、关键词汇间的差别。葛瑞汉的研究领域是语言学、汉学和哲学的交叉地带。虽然葛瑞汉并不承认语言结构对思维方式的完全决定作用，但是他却认为应该从语言结构出发来考察语言和文化背后的思维范式，并探讨语言和文化之间的异同。他认为正是由于中西方概念图式的不同导致了两种不同思维方式的产生。他认为中西两种文化的差异并不是在结构上的不可通约性，构成差异的根本原因是两种文化的不同发展方向所导致的。无论何种思维方式都不为任何一种文化所独有，而是人类共同拥有的。[①]

[①] 刘玉宇：《两种思想史研究的考察——史华慈与葛瑞汉先秦思想史研究比较》，《现代哲学》2004年第3期。

葛瑞汉认为关联性思维是汉语思维的重要方式，而逻辑思维是西方思维的重要特征，他认为在古希腊的哲学思想中就产生过关联性思维，两种思维在两种文化中都分别产生过，只不过是发展方向的不同，而关联性思维是比逻辑思维更基本的思维方式。

由于葛瑞汉的文化研究集中在思想和概念体系的层面，所以葛瑞汉的中国思想史研究的关注点并不在于中国的圣人们在思考什么，而关注他们是如何思考的。葛瑞汉的孔子研究在很大程度上继承了芬格莱特重"异"的思路。但是他的研究并不单单是展现"他者"，他更关注的是"他者"的思想与当代西方哲学话题之间的联系。芬格莱特的著作《孔子：即凡而圣》出版之后受到了西方汉学界的广泛关注，其中有不少质疑的声音。作为程朱理学的研究专家和主攻后期墨家的葛瑞汉，他的孔子研究在某种程度上是对芬格莱特的理论进行解释和完善。葛瑞汉在芬格莱特研究的基础上，对《论语》中出现的核心概念做了进一步的阐释，同时针对西方汉学家对于芬格莱特的孔子研究中提出的质疑意义作出了回应性解释和辩护。

作为安乐哲的老师，葛瑞汉与安乐哲的思路在很多方面确有一致性。葛瑞汉也认为，西方人对孔子的解读不可避免地要受到不同时代西方哲学的观点和立场的影响，同时他们还会将这些立场视为当然。所以，他强调西方人要理解孔子，首先要跳出自身的问题框架。他并不强调孔子的思想对于中国思想文化发展的作用，而是要帮我们找到孔子的思想是如何对于时代给他提出的问题给予了充分的解答。葛瑞汉与史华慈的理论一样是建立在"轴心期"的基础上，在中国处于"天命秩序崩溃"的时期，孔子和诸子百家的思考都在于能够找到理解天命秩序的"道"，而不是寻求"真理"。他认为，孔子对于"道"的理解是对当时出现的社会危机的保守回应。

本章小结

20 世纪 70 年代以来西方的孔子研究已经渐渐地从以文本翻译为基本研究方向，走向了文化比较研究和哲学比较研究。在西方世界内部这种研究已经构成了"对话"的形态。他们渐渐跳出了西方中心主义的误区，赋予孔子思想以各种各样的新意。在诠释学的视角看来，对于两种语言和文化之间的比较研究，研究者必然会受到自身文化的前理解的影响，他们的研究一定是基于自身的概念框架下的理解，否则对于另外一种文化的理解便是无稽之谈。因此，我们可以这样认为，在文化比较的过程中必然含有自我的指涉过程。

当然纯粹客观的文化比较是不存在的，任何一种比较都是将比较者自身的思维框架加之于被诠释的文本之上。但是，这一过程必然是一种发展过程，在孔子的思想不断获得新的诠释的过程中，孔子的思想才能获得新的生机与活力，孔子才能够成为当今世界文明对话的参与者，孔子的哲学思想才能成为当今世界哲学的一部分。这不仅为西方找到文化危机的出路，同时也为新时期中国乃至世界儒学的研究注入新鲜血液。

孔子思想研究的这一文化和哲学转向是与西方世界的文化和哲学发展密切相关的，无论是对于不同文化持有怎样立场的汉学家和哲学家，他们的目的都是为了在孔子的思想乃至中国思想中找到自身文化和哲学体系中所忽略的元素，以解决现实中存在的问题，使自身的文化和哲学体系进一步完善。同时也说明在中国两千年前产生的孔子思想不单单在当时富有价值，在两千年后的今天它依然有其存在的价值，它所体现的强烈的人文主义精神是人类实现动态平衡与和谐发展的需要。

第三章 西方的孔子"礼"学研究

"礼"在中国传统文化中是一个内涵丰富、外延广泛的概念，它涵盖了国家社会生活的各个方面。从周公"制礼作乐"至清王朝结束，在近三千年的历史时期内，可以说中国形成了一种以"礼"为表征的传统文化范式。"礼"作为儒家思想的核心范畴之一，是孔子的政治思想和道德伦理思想的出发点和归宿。在孔子的思想中，礼既是一种礼仪形式，一种政治制度，也是道德规范，旨在从外部对社会各层的人们在行为和思想方面进行约束和规范。

在西方汉学家的孔子研究中一直回避孔子的"礼"学思想，因为他们认为"礼"等同于封建礼教，这与西方近代以来启蒙思潮下的个人本位居首，而忽略社会和谐相处重要作用的价值观是不相符的。美国哲学家芬格莱特于1972年出版了《孔子：即凡而圣》，这部著作用中国式的价值标准系统深入地研究了孔子的思想，芬格莱特认为孔子是一个超越时代的思想家，他的思想有着类似西方新思想的成分，这正是孔子一直被西方忽视的原因之一。

芬格莱特的这本小书在西方汉学界乃至哲学界产生了不小的反响。他站在日常语言分析哲学的立场对孔子的思想进行了全面深入的探讨，并开创了正面评价中国礼学的先河。

第一节 芬格莱特的孔子"礼"学研究

一 日常语言分析哲学的特性

在20世纪50年代兴起并由奥斯丁（John Langshaw Austin）创立的日常语言分析哲学在哲学家内部引发了一场变革。从前被我们所忽视的、同时被认为是显然的日常的语言被当成一个"问题"来对待。被认为缺乏确定性与精确性，并束缚人的主观自由的日常语言，包括日常生活和礼仪，在奥斯丁看来是具有清晰的逻辑与条理的。同时，他作出了一个反对逻辑经验主义的看法——逻辑实证主义者认为一个语句只有在它具有一个真值的情况下才是具有意义的。奥斯丁突破了语言的真值观，认为有些语句它是有意义的但是它既不真也不假。言语无所谓真假，只有是否得体、是否现实。同时，他改变了人们对于语言本质的认识，认为语言不仅仅具有描述和陈述的作用，语言从本质上来说是人类的一种行为，并提出了著名的"完成式行为表达"（performative utterance）。同时他把说话的力量称为"语旨力"（illocutionary force）。根据语旨力，奥斯丁将言语行为区分为语意行为（locutionary act）、语旨行为（illocutionary act）和语效行为（perlocutionary act）。① 他对语言真值观的突破和语言使用的新的维度的开创使伦理、价值观等问题变得可以言说，他对于语用行为的分析为伦理、价值领域如何言说提供了参考依据。同时，他提出的语言的意向行为为研究人的意向（目的）提供了可能。意向与人同在，是人的标志性特征之一。②

　　早期分析哲学排斥伦理道德的普遍价值，追求纯粹、绝对的确定性标准，进而产生了道德上的无原则性以及思想上的僵化。而奥斯丁的研究使人们重新关注日常语言，日常语言的载体是日常生活，所以，关注日常语言即关注日常生活，唤起人们对日常生活的尊重，对道德的践行。日常生活是显而易见的，但是常被人们忽略的。其实，人类生活的全部意义都是由日常生活所揭示的。日常语言哲学对传统予以肯定，为人们对于伦理道德和价值标准的认识提供了一条有力的途径。

二　芬格莱特日常语言分析哲学立场中的孔子礼学研究

　　"礼"是中国传统文化的核心，是古代的中国人所追求的理想社会的精神层面的价值标准，也是物质层面的操作标尺。"礼"是孔子思想的灵魂，是孔子一生的实践准则。"礼"在孔子的眼中不单单是祭祀仪式、国家的政治制度、政治思想和社会观念，它体现的是一个人的伦理道德，使

---

① 刘放桐：《新编现代西方哲学》，人民出版社2000年版，第282页。
② 李洪儒：《西方语言哲学批判——语言哲学系列探索之七》，《外语学刊》2008年第6期。

人之为人的基本。"礼"的本质就是要建立一个长幼有别、尊卑有等、亲疏有别的和谐社会秩序。它的基本作用是为人提供行为准则和规范，是个人在社会安身立命的根本。

在芬格莱特以前，西方人对于中国的"礼"多持一种激进的批评态度，认为"礼"是一种剥夺人性或非人性化的形式主义。① 所以，在本不发达的西方孔子研究中，很少有人注重孔子思想中的礼学思想。而芬格莱特的孔子研究恰恰从"礼"入手。在他的视阈中，孔子礼学思想中的"礼仪"包括了人类的一切思想和行为的语言。芬格莱特从言语行为理论入手，认为一切语言都是行为，而"礼仪"的姿态和语言行为都是人的内在精神世界的外在体现。芬格莱特说，礼仪是人类历史积淀所形成的人性的表现，它囊括了人类的思想和行为的语言，所以，人存在的本质便是礼仪。

（一）礼仪之于"日常生活"

与20世纪许多的哲学家一样，日常语言分析哲学从"日常语言"的视角也将他们的注意力回归到了生活世界。逻辑经验主义者认为自然语言的意义模糊，并由此引起哲学的混乱，因而需要建构一套严密精准的理想语言。而日常语言哲学家认为日常语言本身就是完善的，引起哲学混乱的原因是人们没有正确地使用日常语言。所以，他们将视角回归到日常语言，回归到日常生活中去发掘日常语言的逻辑性。

芬格莱特的孔子礼学研究也以日常生活为基础。他认为孔子观察人类的视角也是日常生活，他将人类的生存视为是神圣的。日常生活世界是一个主体间性的世界，一个交互主体性的世界②，所以，日常生活的真正意义在于人与人的交往。礼仪的言辞和意象是在人与人的交往过程中实现的，芬格莱特认为在日常生活中礼仪有以下三方面的作用：

第一，在日常生活中礼仪的践行使社会活动协调一致，为我们所赖以生存的世界成为一个文明的社会作出了力量。芬格莱特认为，人类礼仪行为的发生不是"机械的"，也不是"自动的"，它具有一种"自发性"。而礼仪的这种"自发性"来源于传统的日常生活赋予我们的重复性的

---

① ［美］赫伯特·芬格莱特：《孔子：即凡而圣》，彭国翔译，江苏人民出版社2002年版，第7页。
② 衣俊卿：《文化哲学——理论理性和实践理性交汇处的文化批判》，云南人民出版社2005年版，第228页。

"礼仪"的实践。他举了一个例子来说明礼仪的这种自发性：在街上两个熟人相见的时候，彼此微笑着伸出手来与对方握手，这个行为被大家认为是正确的和自发的礼仪行为。对于言语，奥斯丁在完成式行为表述中强调言语与环境的适应，语言表述在一些情况下既非真也非假的情况下，要求说话者的语言所体现的是"对完成内在的精神行为的真或假的报道"[①]。所以，奥斯丁认为，"我们应该信守一句老话：我们的言语就是我们的契约"[②]。要确保我们语言的真实性。芬格莱特受到奥斯丁的影响，他认为，言辞和动作作为礼仪行为的抽象，首先应该在适宜的礼仪环境中来实行。其次，我们所践行的礼仪行为应该是自身精神行为的体现，是真诚的。如果我们在不需要握手的场合选择了握手行为，那么则就是一种无意义的行为。同样如果你的握手不是出于内心的真实感受，那么对方的感受也会发生变化。芬格莱特认为，孔子将礼仪视为日常生活人际交往的共同模式，"礼"是人际性的表达，是相互忠诚和相互尊重的表达。如果所有的人都能够在具体的情境中发自内心的真诚的依礼行事，那么，人与人之间就能够和谐相处，我们的社会就会成为一个文明的社会。所以，芬格莱特特别强调礼仪使用的适宜性和真诚性。

第二，在日常生活中礼仪的践行能够帮助人类完成实质性的目的。在奥斯丁的言语行为理论中，"语旨力"概念的提出也影响了芬格莱特对于礼仪在日常生活中的作用的研究。奥斯丁认为，"语旨力"是指说话的力量，即语言的意旨所具有的力量，它是完成言语行为的推动力。而且，可以通过动词将言语行为分为以下五种类别：判决式（verdictives）、行使式（exercitives）、约束式（commissives）、行为式（behavitives）、表述式（expositives）[③]。奥斯丁认为表示礼仪性的语言多属于行为式，比如道歉、感谢、欢迎，等等，而且他尤其注重礼仪中不可或缺的礼仪词汇，这当然也处于他的伦理哲学立场，此处不做展开。在语言的三种行为中，即表达语意行为、完成语旨行为和取得语效行为，奥斯丁强调语效行为着眼于通过语言行为而产生或达到某种东西。[④] 芬格莱特认为"礼仪"词汇和行为

---

① ［美］A. P. 马蒂尼奇：《语言哲学》，牟博、杨音莱、韩林合等译，商务印书馆1998年版，第212页。
② 同上。
③ 赵敦华：《现代西方哲学新编》，北京大学出版社2001年版，第202页。
④ 张汝伦：《现代西方哲学十五讲》，北京大学出版社2003年版，第184页。

会带给人类"神奇的力量"。他说，如果一个人想把一本书从办公室带到教室，如果他能够运用适当的礼仪表达他的愿望，那么，就有人替他代劳这件事情，而他自己不用费任何物理性的努力。这种效果只有人类通过礼仪行为才能够达到，这也是人与动物的区别之处（当然这种行为也体现人性意义基础上的道德，在后文加以分析）。我们人类不将彼此看成是物质对象，人们之间相互尊重，透过"礼"的意向我们能够认识到利益对人类生活的重要意义，所以，芬格莱特说："礼仪是日常生活的一种有力的、强化的、十分精致的延伸。"①

第三，在日常生活中礼仪的践行是使人性日趋完善的途径。"人性论"是中国古代哲学的重要特性之一，在近代以前西方哲学少以人性论为出发点。芬格莱特认为，逻辑经验主义重科学、语言和知识的形式主义分析，论证人类行为的一种行为主义或物理主义的倾向。而日常语言分析学派旨在论证，人类的行为和能够表明思想的语言与他所说的礼仪行为并不是一种行为主义或物理主义的倾向，这些都是人生命中特有的人性成分，具有不可化约性。所以，他关注人性，关注道德之于人性的重要作用，认为人生的意义就在日常生活之中，而有意义的人生就是践行能够体现人性的礼仪行为。礼仪之所以被芬格莱特看成是人性的体现，是因为在日常生活中，人与人的交往过程中我们传承并践行着传统的并不为人所察觉的礼仪。同时，人们使用"礼"的语言和意向作为媒介，在礼仪活动中来谈论道德习俗的整体。人类的礼仪是由传统赋予我们的，同时它也是我们后天学习的结果。它使人区别于其他的动物，是人所特有的行为。"运用'礼'的力量的人能够影响那些超越于他之外的东西——但那种仅仅按照命令而拥有物质力量的人却不能够做到这一点"②。礼仪所承载的是人类的道德习俗的整体。孔子的哲学被芬格莱特看成是一种实践道德哲学，礼仪是人类的道德习俗的整体，所以，被芬格莱特认为礼仪是孔子学说中的人之本性。芬格莱特其实是在强调如果人的精神境界达到了一定的高度，那么它就能够自觉地践行礼仪。最完美的人性就体现在人的活动之中。由于人的一切活动都是根据礼仪的意向而来的，所以礼仪是完美人性

---

① [美]赫伯特·芬格莱特：《孔子：即凡而圣》，彭国翔译，江苏人民出版社2002年版，第11页。

② 同上书，第12页。

的体现。

芬格莱特认为，孔子观察人类的视角也是日常生活，并且孔子将人类的生存视为是神圣的。"礼"是人们行动的意向，意向与人同在，是人的本性之一。所以，人与人的交往过程中对"礼"的实践是人性日趋完善的途径。同时儒家所追寻的圣人境界是一个人在不断学习"礼"的过程中，不断按照"礼"的要求来约束自己的行为，使其言行都符合"礼"的要求，这样一个人就能够成为他人的榜样。用芬格莱特的话说就是能"折射出的神圣光辉"，这种光辉是礼仪带来的"神奇的力量"，它也是人的本性的完满呈现。

（二）礼仪之于"语言"

言辞是礼仪的一个组成部分。所以，在芬格莱特对孔子的礼学研究中也特别注重语言和礼仪的关系。逻辑经验主义将语言看成是一种纯粹的物理动作，而芬格莱特则倾向于日常语言分析学派的观点，认为语言脱离了它所植根的传统是不能够被理解的，传统习俗如果脱离了界定它并且构成其组成部分的语言同样也是不能够被理解的。芬格莱特强调了语言环境对于理解语言的重要作用。

洪堡特（Wilhelm Von Humboldt）曾经说过："语言的差异不是声音和符号的差异，而是世界观本身的差异。"[①] 语言具有表达性与沟通性，但却局限于理解与应用同一语言的社群中，从而成为一种群体意识。文明的客体就是语言的外在性。后期的维特根斯坦将语言作为生活形式的一部分，认为语言的用途来源于生活形式，生活形式不同，语言的用途也就不同。如果将自己的生活传统和语言作为框架来了解别人的生活方式和语言就像透过带有颜色的玻璃杯观察事物的情形。语言是人在社会中进行沟通和交际的工具，它以"对话"的形式将人与他的社会存在和心理存在联系起来。语言的每一个表达，都有它的特殊性与具体性，即使所表达的意义或理念是抽象的与一般的。语言在海德格尔看来是人类存在的家园，人的语言是人的心理存在的反应，正确和真实的语言是人类彼此沟通的前提和基础。所以，传统和环境对于语言的表意和能否被理解都是起到决定性作用的。同时，正确和真实的语言对于人与人的真诚交往也起到了保障的

[①] ［德］W. V. 洪堡：《论与语言发展的不同时期有关的比较语言研究》，姚小平译，转引自姚小平编《洪堡特语言哲学文集》，湖南教育出版社2001年版，第29页。

作用。

在前面的论述中我们提到了礼仪的践行同样也要求适宜的环境和传统，这样礼仪行为才能给人类带来"神奇的力量"。所以，芬格莱特对礼仪和语言的关系也作了深入的思考。

首先，芬格莱特认为，言辞是礼仪的一个组成部分。孔子所说的"礼"主要是周礼。"礼"在孔子生活的那个时期，既指人们行动所应遵守的礼节和仪式，也可以广义说是涵盖了社会政治生活的方方面面。社会生活是由人参与其中的一种交往范畴，人与人的交往是靠言语行为和姿态来实现的，在人与人的交往过程中所不自觉地践行的礼仪行为中必然少不了语言，而语言可以说是礼仪的一个重要组成部分。有许多礼仪行为是由语言直接实现的，比如说感谢、道歉、承诺、盟约、宽恕、问候，等等。在芬格莱特看来这些都是人存在的领域，他们体现的是语言之于礼仪的不可或缺性。

其次，言辞和动作都是具体礼仪行为的抽象。芬格莱特由"人是一个礼仪性的存在"的观点出发，认为正是以礼仪为媒介，我们生命特有的人性成分才得以有鲜活的表现。而礼仪是由人的言辞和动作所构成的。所以，在他看来言辞和动作都是礼仪行为的组成部分，具体礼仪行为的抽象。

再次，正确的语言是执行礼仪的本质。由于芬格莱特追崇奥斯丁的语旨力的观点，认为不同的语言行为会产生不同的力量和效果，正确的语言是有效行为的基本组成部分。所以，他认为正确的语言对于礼仪力量的产生起到了决定性的作用。语言在恰当的言语环境中产生，同时语言的正确使用是礼仪力量的来源。奥斯丁在他的言语行为理论中也表明言语能够产生行为力量必须是合适的人，在合适的场合下，按照合适的程序，真诚地说出一句话，才有可能完成言语行为。如果不适当的人在不适当的场合下没有按照一定的程序说话，或者说话的态度不真诚，都会产生"无效"的结果。所以，礼仪行为中所要求的不单单是传统和环境，语言的正确性和真实性也是礼仪行为产生所预设的效果的基础和保障。

在《论语》中所描写的孔子的"正名"思想，也正是孔子对于语言的反思。孔子说："名不正则言不顺，言不顺则事不成，事不成则礼乐不兴，礼乐不兴则刑罚不中，刑罚不中则民无所措手足。"（《论语·子路》）正确地使用语言是使人各得其位、各尽其职的基本前提。可见孔子的确是注意到了语言与"礼"的重要关系，他认为正确地使用语言是周礼复兴的基础；语言与"礼"是不可分的，正确地使用语言来按照礼仪的要求行事，不仅仅关涉到君王的统治，关涉到社会政治秩序，同时也与人们的生活息息相关。所以，芬格莱特得出结论说，孔子的"正名"思想在这个意义上来看是"一种术语校正"或"正确地使用术语"。

（三）礼仪之于"道德"

《春秋左传》中有这样一段话："礼，上下之纪，天地之经纬业，民之所以生也，是以先王尚之。故，人之能自曲直以赴礼者，为之成人。"（《春秋左传》昭公二十五年）意为，一个人并不是生下来就是一个人，只有当他能够自觉地按照礼的准则行事的时候，他才成为一个真正的人。

芬格莱特的观点与之相当。他认为，孔子的意思是："人类的道德和精神成就不依靠欺骗或者幸运之神的降临，也不依赖于神秘的咒语或者任何纯粹的外在力量……一个人精神境界以他一生下来就已经具备的素材（stuff）为基础，取决于他为'塑造'（shaping）自己的精神境界而付出的艰辛努力，也就是他为此投入学习和工作的数量。"① 其实，芬格莱特实质是在讲一个人精神力量的获得是建立在学习礼仪的基础之上的，礼仪的践行是一个人精神世界即道德的外在彰显。一个人只有当他能够依礼行事的时候才能够体现人类的美德，礼仪是日常生活的行为榜样。所以，孔子认为"克己复礼"和依"礼"而行的能力是"仁人"最基本的而且也是首要的条件。礼仪体现了一种独特的人的力量，芬格莱特将之称为"神秘的力量"，它对于完善人性起到了至关重要的作用。芬格莱特说："只有当原始冲动受到'礼'的形塑时，人们才成为真正意义上的人。'礼'是冲动的圆满实现，是人的冲动的文明表达——不是一种剥夺人性或非人性化的形式主义。'礼'是人与人之间动态关系的具体的人性化形式。"② 在芬格莱特的分析中，将礼仪作为人类特有的美德或力量。人的神奇非凡的品质就蕴含在礼仪的恰当践行之中。他所说的人的这种神奇非凡的品质，其实是指人的道德，而道德也是人与其他动物相区别的本质属性之一。由此我们可以看出礼仪的语言和行为，都是人性的体现，而这种人性在芬格莱特看来特指人的道德属性。他认为，"礼"和"德"是车之

---

① ［美］赫伯特·芬格莱特：《孔子：即凡而圣》，彭国翔译，江苏人民出版社2002年版，第2—3页。

② 同上。

双轮和鸟之两翼的关系。礼仪行为是"德"的理念和价值的外在表现，"德"的内在的价值原则体现在社会生活的各种具体的礼仪实践中。

所以，芬格莱特认为，真正的礼仪的发生是具有自发性的，因为它其中蕴含着人的道德精神，蕴含着人的生命，"礼仪"与"道德"是内外的统一。所以，芬格莱特说："美观而有效的礼仪要求行为者个体的'临在'与所学礼仪技巧的融合无间。这种理想的融合，便是作为神圣礼仪的真正的'礼'。"[①]

芬格莱特将日常语言生活学派的主要观点运用于他对孔子思想的解读当中。在他对孔子的礼学研究中，将人看成是一个礼仪性的存在。从日常生活、语言、道德与礼仪的关系入手来分析。这种分析有他的长处，但是在分析过程中也有一些地方需要进一步商讨。

首先，在日常生活的视阈中来探讨礼仪，并强调礼仪行为的重要作用，对于实现孔子所追寻而且实践了一生的"礼"确实是一种利用当代的哲学知识，对孔子的思想进行重新诠释的一个新的突破。芬格莱特将孔子的"礼"置于日常生活的环境中来探讨，笔者认为这是与中国传统经典诠释中对《论语》的阐释所呈现的观点相一致。周礼的内容宽泛，是周代所设立的一整套典章、制度、规矩和礼节。它不仅仅是统治阶级用来约束人的行为制度，它同时也为人提供了行为准则。中国传统文化是以"礼"为特质的，"礼"是一个人在社会安身立命的根本。孔子说："非礼勿视，非礼勿听，非礼勿言，非礼勿动。"（《论语·颜渊》）就是说一个人的日常行为都要符合"礼"的规范。有若说："礼之用，和为贵。"只有人们的日常行为都符合礼的规范，才能使个人自身的道德情操得到逐步地完善，并更好地参与到日常生活的人际交往中，这样才可以使得国家和人与人之间的关系保持和谐。

其次，芬格莱特注意到了孔子思想中对于言语与礼仪的密切关系的深入思考，从"正名"的思想入手，结合他的基本观点——人是一种礼仪性的存在，使用正确的语言是执行礼仪的本质，并不仅仅是一种有用的附属物的结论。芬格莱特认为孔子的"正名"思想是一种"术语校正"或"正确地使用语言"。他认为在《论语》中并没有直接说明名称必须要与

[①] ［美］赫伯特·芬格莱特：《孔子：即凡而圣》，彭国翔译，江苏人民出版社2002年版，第7页。

实际相符，或者说"名"一定要与"实"相符。语言中没有暗示说明"使名称和被命名的事物相符"的含义。芬格莱特在言语行为理论的框架中得出：语言的礼仪的或实施性的作用，使得原始文本可以以不同的方式来解读。他的这种观点似乎与自古以来的中国人对于孔子"正名"思想的理解是完全相悖的。我们认为"正名"总的说是要"名副其实"，不同身份地位的人，应该具有该身份地位所具有的品德，并履行相应的职责。但从《论语》中孔子对于"正名"所发表的言论看，"正名"不仅仅是一种"术语校正"，它更多包含的是孔子的一种政治期待，他希望通过正名来挽救崩溃的社会政治秩序，恰当地运用刑罚，制止邪说暴行。笔者认为这个问题有赖于学者的进一步深入思考。

再次，芬格莱特对于"礼仪"与"道德"关系的深入探讨，为我们理解"德与礼"的关系提供了一个新的域外视角。中国自古以来就重"德"，"德治"是儒家的基本政治思想之一。孔子说："道之以政，齐之以刑，民免而无耻；道之以德，齐之以礼，有耻且格。"（《论语·为政》）"德"既是隐身于青铜器物里面的精神因素，是"礼"建构于其中的政治理念和价值理性，是民族、国家认同的重要原则，是"中国"所以是"中国"的衡量标尺与尺度；同时，它也是哲学时代"道的突破"的渊源与背景，是后世道德观念、价值伦理、宗教生活和文化精神的核心。[①]"礼"是无所不包的文化体系，"德"乃是文化体系中无所不在的精神气质。所以，笔者认为，芬格莱特将"礼"作为一种神奇的力量，并将"德"称之为对"礼"践行所展现的"神奇魅力"，解读了中国传统意义中的"德与礼"的形而上和形而下之间的关系。

最后，笔者想在芬格莱特对于孔子"礼"的分析当中，从"礼"的概念入手来做一个简短的分析。芬格莱特其实是从两个层面来分析孔子之"礼"的，首先他是在"礼"的狭义层面上，即"礼"仅属"仪"的层面上来分析礼仪行为在日常生活中的作用和正确的礼仪言辞与行为带给人们的实际效果。当然，在另一个层面上他也分析了礼仪行为与道德的直接关联。但是，笔者认为他过分地强调由具体的礼仪行为带给人类的影响，而忽略了对"礼"在广义层面上，即当"礼"作为中国古代的一种抽象的秩序体系在人的思想层面产生的影响。当然芬格莱特也强调礼仪行为的

[①] 郑开：《德礼之间》，生活·读书·新知三联书店2009年版，第23页。

个体"临在性",与礼仪性行为的"真诚性"。但是,他在故意避免从心理的角度来讨论"礼",否认"礼"作为一种诚恳而真实的心理态度,也是不可取的。这种只强调行为的观点很容易使读者认为,他只是在"礼仪"的层面上来讨论孔子之"礼",而忽视了"礼"作为一种政治制度对人的心理和价值观念层面产生的影响。

第二节 史华慈与芬格莱特关于孔子之"礼"的对话

一 史华慈对孔子之"礼"的阐释

在20世纪70年代,文化人类学在美国的影响较大,列维-斯特劳斯(Claude Levi-Strauss)认为文化是一种结构,格尔兹认为(Clifford Geertz)文化是体现意义网络的符号象征系统,而史华慈认为文化可以称之为"导向"。因为他认为文化不单单对人有塑造作用,同时人的自主性也对文化的塑造有一定的影响。他认为,非物质层面的文化在某种意义上只是围绕着一些"无法取得确定答案的问题意识"(Problematiques)所展开的持续的对话或辩论过程。他认为人类经验共有同一个世界,不同文化之间具有通约性,问题意识在人类不同的文化类型当中都存在,具有普世性。但是在不同的历史时期、不同的文明对于问题的关注视角以及表达方式的不同,对于问题给予的答案也是千差万别的。

史华慈在《古代中国的思想世界》一书的序言中强调,他对中国古代思想的兴趣受到了雅斯贝尔斯《历史的起源与终结》一书中"轴心时代"一章中有关"世界历史"的提法的影响。在轴心时代以前,在世界各大文明的文化导向中都存在一些有群体共同默认并遵守的预设。到了轴心时代,在各大文明中都出现了一些富有创造力的思想家,他们对人们现实的行为和规范之间的张力进行反思,把他们本身及其所处的文明联系了起来,并对他们所生活其中的文化导向提出了一种新型的、积极的视野和通见。这些思想家已不再仅仅是阐述他们文化中的既定"规则",而是要对所处的文化导向提出新的理想图景,即史华慈所说的超越的突破(transcendental breakthrough)。

史华慈认为在研究不同文化的时候,在考虑到某一民族整体文化取向的同时要将视野下降到当时这一民族内出现的具体的问题情境来讨论。孔子生活在春秋战国时期,史华慈认为中国的这一时期可以与西方近代早期民族国家初生之际的纷乱对抗时期相比较。在这一时期内，周王朝的政治体制已经完全崩溃，遗留下来的只是其精神权威。当时所面临的具体的问题情境是：如何找到一种答案能够较好地协调现实行为和社会规范之间的矛盾与冲突。于是各家各派根据自身对于这一问题的理解提出了不同的答案，这样便出现了"百家争鸣"的多元格局。

孔子对于这一具体的问题情境所给出的答案集合构成了史华慈所谓的"儒家学派"的通见，因为它代表了孔子以及后来儒家学派的内部所认同的总体特征，但是其中还有许多悬而未决的问题。受到当时环境的局限与影响，孔子找不到任何在他看来可以与神圣记载中所描写的建立王朝以前的古老周朝相媲美的国家。他对"礼崩乐坏的纷乱社会"这一问题给予的答案之一便是"恢复周礼"。

（一）礼：普遍王权统摄下的一种行为规定

孔子针对政治全面崩溃，对大"道"遗失的社会做了深刻的思考。他认为一个社会要想走上正轨，实现井然有序的生活，人们首先要做到与他们的称谓相一致的社会责任和义务。所以，君、臣、父、子都应该按照他们的称谓来履行相应的责任和义务，即孔子的"正名思想"："君君，臣臣，父父，子子。"（《论语·颜渊》）"正名"思想构成了一幅由角色、身份、等级以及地位相互联系在一起的网状格局，而"礼"为这一网状格局提供了一种行为规范，它确保人们在社会中完好地扮演各自的多重角色。

"礼"在最为具体的层面上表示了所有"客观"的行为规定，这些客观行为规定或者针对礼仪（rite）、仪式（ceremony）、仪态（manner）；或者针对一般的行为举止；在家庭、人类社会之内，甚至在超自然的境域之中，都存在着有互动性的角色构成的网络。[①] 史华慈所指的超自然的境遇是指礼作为一种祭祖的仪式当中所展现的人与鬼神的互动。

"礼"作为一套有规范体系的客观行为规定，首先体现在家庭的等级制之中，家庭在孔子看来具有经济的功能也正是在家族中，人们才能学会拯救社会的德性。所以，史华慈认为礼的意义网络是通过家庭进而辐射到社会的各个层面的。在以家庭为单位所构成的一个结构化的社会之内，

---

① ［美］本杰明·史华慈：《古代中国的思想世界》，程钢译、刘东校，江苏人民出版社2004年版，第68页。

"礼"规范人们按照各自的角色、身份、等级以及地位形式，构成了一个长幼有别、尊卑有序的社会。

（二）礼：赋予等级制与权威以人情的魅力

史华慈认为，"礼"作为一种行为规范，构成了一种秩序，但是这种秩序在孔子看来并不单单体现为一种"仪式性"的秩序，它更是社会政治秩序。虽然孔子已经注意到了等级制与权威的弊端，但是他更为关注的是由于权威的颠覆而造成的社会危害，所以他认为"礼"制是社会所维护的等级与权威稳定的社会秩序的必要基础。

史华慈认为孔子的礼是以等级制与权威的网络为前提的，并有意强化这一网络。首先，史华慈认为，中国社会的父权制家庭中存在着等级观念，所以，即使在家庭生活内部，"礼"也并不是自发实现的，而需要父亲充当权威与权力的本源。同样，在社会政治生活中，"礼"的实现则需要一种普遍的王权，以确保君王能够统治整个社会，"礼"作为一种行为规范是在各个方面来维护王权的典章制度。其次，在"礼"的领域中，孔子更为关注的是基层的行为，而不是上层权威的滥用。即使孔子看到了权威的滥用所带来的社会危害，但是他依然认为如果基层百姓都能够遵从礼，必然会出现安定的社会局面。同样，史华慈从家庭的范畴出发，得出了"遵从不单单适用于父母，而是全面适用于构成人类社会基础的整个礼制体系"[①]。

孔子对于"礼"的论述始终是以家庭为切入点，这不单是受到中国的历史存在经验以"家庭—国家"为主的相互渗透的观念的影响，更是因为孔子期望赋予等级和权威以人情的魅力。史华慈认为："对孔子来说，正是在家庭之中，人们才能学会拯救社会的德性，因为家庭正好是这样的一个领域：其中，不是藉助于体力强制，而是藉助基于家庭纽带的宗教、道德、情感的凝聚力人们接受了权威并付诸实施。正是在家庭内部，我们才见到了公共德性的根源"[②]

二 史华慈与芬格莱特关于"礼"的对话

史华慈与芬格莱特在孔子的"礼"学方面，有许多不同的观点。但

[①] ［美］本杰明·史华慈：《古代中国的思想世界》，程钢译、刘东校，江苏人民出版社2004年版，第72页。

[②] 同上书，第71页。

是，同美国大多数的孔子研究学者一样，他们都认为礼是用来维护等级制与权威的。在孔子建构的社会秩序中，以"礼"为代名词的等级概念是一切社会和个人行为的出发点和最终归宿。

芬格莱特站在反心理主义和个人主义的视角对《论语》进行了新的诠释，并结合日常语言分析哲学的观点提出"礼"在本质上是一种行为，而人是礼仪性的存在。所以，我们可以得出这样的结论，即芬格莱特认为人存在的本质是行为，正是因为孔子看到了"礼"是人与人之间动态关系的具体人性化形式的体现，进而使他成为了一位革新者。他强调"礼"以行为主义的方式塑造了社会传统与合理习俗的整体，"礼"是一种神圣的人际交往行为，它能够对参与其中的人进行改造，并使人们对其有一种如同"巫术般的"认同，并自觉自愿地履行礼仪所规定的行为，在这样的行为中，人性得以彰显，道德得以实现。

从以上的分析我们可以看出，芬格莱特竭力地将礼和人性都解释成一种行为，避免从心理的视角来阐释孔子的学说。他认为："品质与意义都扎根于行动本身之中，它们似乎就是行动自身的意义。他们与任何个人内在的、心理的或主观性的本质毫无关系。"[1] 史华慈则对其提出了尖锐的批判与质疑，他认为孔子对于人的内在品质的强调才是他的真正创新之一。孔子不单单关注人的内在品质，更关注人的内在的心理倾向与具体行为，以及人性之间的关系。

史华慈认为行为所拥有的意义和品质是"礼的精神"，它正是人的内在心理的体现，如果行为与人的内心生活相脱离，这样芬格莱特所谓的"神圣的行为"的神圣性便会消失。人的内在的心理倾向不仅仅赋予行动以意义和品质，同时在行动之外使人格富有自主性。

首先，史华慈认为在孔子生活的年代存在着普遍忽视"礼"的倾向。当时，一些礼仪表演过程是严重的外在形式与内在精神的背离，所以使礼仪表演显得空泛、呆板和机械。孔子对于这种缺乏内在精神气质的礼仪表演气愤不已，所以在《论语》中有以下论述："人而不仁，如礼何？"（《论语·八佾》），以及"礼云礼云！玉帛云乎哉！"（《论语·阳货》）。芬格莱特认为之所以会出现"机械的"、"呆板的"礼仪表演出于以下两

---

[1] ［美］本杰明·史华慈：《古代中国的思想世界》，程钢译、刘东校，江苏人民出版社2004年版，第72页。

种原因：一是由于"礼的精神"即参与礼仪活动的人的精神的缺失。二是这种人格的缺失是由于表演者对于表演技能掌握不熟练所导致的。"美观而有效的礼仪行为要求行为者个体的'临在'与所学礼仪技巧的融合无间。"① 我们看到史华慈和芬格莱特都注意到了"人的精神"在礼仪行为中的作用，而这种人的精神便是"人格"。但史华慈认为人格是人的内在精神的外在表现，而芬格莱特则否认任何的内在的心理倾向，他认为人格即存在于礼仪行为当中，人的情感是对某一类特殊的行动作出的特殊的反应。

其次，史华慈进一步强调，"礼"不单单是"行为"，其实"行为"本身展示的是人的自主的内在生活领域，所以人的内在生活领域是独立存在的，它并不是行为本身。史华慈认为，孔子更关注的是人的内在情感、德性、意图和态度的外在体现，而不是礼仪行为本身。孔子认为人格即人的内在世界是通过行为表现出来的。史华慈认为芬格莱特虽然认为《论语》中的"礼"与"意志"、"情感"和"内在状态"没有任何关系，但是他认为"仁"是一种力量，并且这种力量离不开礼的行为，它要通过礼而使自己的力量辐射到天下的每一个角落。同时他还认为，"仁"通常是与个人相关的，而且是个人的一种特性，即"人格"。所以，史华慈认为正是在这个意义上，芬格莱特"几乎就等于承认，在行动之外，人格的确拥有其自主的存在"②。芬格莱特如下的论述则反映了"内在"领域是存在于行动之外的，并且其本身富有自主性："这种力量的运行离不开公共时空中的行动，并且要以人格"③ 为人的行为规范，同时孔子视域中的"礼"是道德的普遍原则，是一种精神信仰。

从以上的分析我们可以看出，史华慈对"礼"的分析是从"礼"作为一种行为规范入手的。在分析的过程中，史华慈强调"礼"是社会政治秩序的基础，是一种维护等级与权威的行为规范。他认为，孔子对于"礼"的创新之处在于他将"礼"赋予了一种伦理维度，并从家庭的视域

---

① ［美］赫伯特·芬格莱特：《孔子：即凡而圣》，彭国翔译，江苏人民出版社2002年版，第8页。

② ［美］本杰明·史华慈：《古代中国的思想世界》，程钢译、刘东校，江苏人民出版社2004年版，第75页。

③ ［美］赫伯特·芬格莱特：《孔子：即凡而圣》，彭国翔译，江苏人民出版社2002年版，第55页。

出发,将父系家庭中的等级与集权辐射到整个社会政治生活当中。

他认为,孔子将礼作为一种维护等级与权威的行为规范的同时是要强调礼的内在的精神,即认为"礼"是人的内在道德的行为体现。在这个观点上史华慈与芬格莱特存在很大的分歧,他认为芬格莱特所谓的"神奇的力量"正是人的内在精神赋予行为的,而非在适宜的礼仪环境中,通过仪态和语言就能获得的。而人的"神奇的魅力"则是通过礼仪而展现出来的人格的魅力。

笔者认为,史华慈对于《论语》中的"礼"的分析比较客观,符合中国的历史和孔子所生活的时代背景。孔子生活在一个"礼崩乐坏"的时代,在这一时期,"礼"普遍存在着被忽视的现象,有很多时候虽然存在着礼仪形式,但是这些礼仪形式却严重地缺乏内在的精神,所以才引起孔子的强烈愤慨。孔子强调的"恢复周礼"不单单要求礼仪表演者有熟练的技能,孔子真正的关切在于希望能够在礼仪行为中展现人的内在之德。

孔子对于周礼的革新之处,首先,在于他所强调的"礼"不仅仅是社会的秩序体系,在其中既包含了"法治"的内容,同时也包含了礼俗及伦理的内容,所以孔子提出了"正名"思想,在伦理的范畴内来维护周礼所指定的世袭宗法等级制度。其次,孔子强调在实践的各个层面,"礼"都贯穿并体现了人的内在精神即人的品德、人格的理念和价值。"礼"的程式、仪态是"德"的表象,"礼"是德的社会意象。孔子推行"德政"以对周礼进行补充和发展。在《论语》中孔子说道:"道之以政,齐之以刑,民免而无耻;道之以德,齐之以礼,有耻且格。"(《论语·为政》)从这里我们可以看出,孔子认为加强人们对自身行为的道德感是社会秩序得以维护的最关键因素。再次,孔子提出了他的思想中最具特色的"仁"的概念作为"礼"的内容,"仁"就是德化的具体内容,所以在孔子看来对于礼制的充实和强化关键在于人的内在品质,即德的强化。

所以,我们可以认为,"礼"首先是用来维护西周以来的宗法等级制度,维护社会秩序的行为规范。但是,我们更应该看到,作为一种行为规范,孔子赋予它以社会道德意义,即"人情的魅力",这种"人情的魅力"是隐藏在社会生活方方面面背后的精神价值和原则,它是人的内在品格。所以,"礼"既是行为本身,同时它更是人的内在品德的表现形式。

第三节　史华慈与葛瑞汉关于孔子之"礼"的对话

一　葛瑞汉关于孔子之"礼"的理解

葛瑞汉对于孔子之"礼"的理解与芬格莱特一脉相承。他认为孔子的"礼"是一种行为,"孔子强调礼的重要价值绝不意味着他把礼仪等同于道德,而应该理解为适合一个人的角色或身份的行为"[①]。关于如何使一个人的行为更适合自身的角色或身份,葛瑞汉指出,人们必须在实际的礼仪行为中获取经验,并在不断的学习与思考的过程中完善意识。所以,意识并不是自发的,它是通过礼仪行为,并在行动过程中学习与思考的产物。在这个过程中,人生观和价值观发生改变,逐步地靠近儒家所追求的圣人境界。所以,在达到圣人境界的时候,一切行为好像都带有"自发性"。

葛瑞汉也与芬格莱特一样,认为礼仪行为能够给人们带来"神奇的力量",其实这种"神奇的力量"便是意识行为不断完善的结果。"神奇的力量"强调"意识"发展到一定阶段的时候便显得像是"自发的",其实,这种"自发性"是充分意识的结果。所以,葛瑞汉认为他一直将"意识"与"自发"这两个概念分开使用,当他们连在一起的时候,它所强调的是充分意识之后所产生的自然而然的行为倾向,即所谓的"神奇的力量"。

二　史华慈对于葛瑞汉的批判

史华慈认为,葛瑞汉对于《论语》的分析及阐释是建立在芬格莱特的分析之上的,对于孔子"礼"的理解也是基于芬格莱特的反心理主义,尤其是反对西方的身心二分的观点的基础之上的。史华慈认为基于这样一种观点的《论语》的诠释,很多内容脱离了《论语》的实际内容,而且在某种程度上这种分析使《论语》这个含有多个层面思想的文本内容贫瘠化。

史华慈认为,芬格莱特的《孔子:即凡而圣》一书在孔子研究的领

[①] [英]葛瑞汉:《论道者:中国古代哲学论辩》,张海宴译,中国社会科学出版社2003年版,第14页。

域无疑引起了煽动性的作用。在他的研究中不可否认的是，他将《论语》中重要的"礼"的概念理解成"神圣的礼仪和仪式"。他认为，人们如果能按照礼仪所规定的形式来完成礼仪行为，那么随之而来的便是神圣的力量的出现，这种神圣的力量便会理想地遍布于社会生活的各个方面，因而社会呈现出安定、和谐的局面。但是，芬格莱特的枯燥冗长的诉说并不利于我们对于《论语》主题的理解。他的贡献仅仅是对于《论语》当中真正主题的武断的否定。史华慈从以下几方面对葛瑞汉关于"礼"的论述提出了疑问。

（一）在一个"礼崩乐坏"的社会，神圣的力量如何出现？

史华慈认为，在阅读《论语》时，给人们的印象是《论语》讨论了一些与"礼"毫无关联的问题。而且在文本中包含着许多相互关联的，但是与"礼"没有任何关联的道德的态度和意象。而且，在《论语》中展现的是一个"礼崩乐坏"的社会景象，孔子在寻求丢失已久的"道"。在这样的一个社会中，"礼"是一个即使在形式上完全存在，但是并没有发挥其应有的作用的状态。在一个"道已经不复存在"的世界当中，史华慈认为《论语》和其他的许多文本一样都在询问为什么礼仪不能够发挥它应有的作用。如果像是葛瑞汉所赞同的那样：道德的态度和意向可以通过社会当中恰当的礼仪行为来展示自身。但是"礼"的"神奇的力量"只有在其与恰当的态度和意象联系在一起的时候才会展示出来，那么在这样的一个社会当中，礼仪行为的神奇的力量是无法展示出来的。而且事实证明在这样一个人人都在实践礼仪，但是礼仪却不发挥作用的社会，人们通过重复的甚至是熟练的礼仪行为但却并没有展现道德的态度与意向。

史华慈认为，在《论语》中所论述的道德与礼仪没有十分密切的关系。所以，礼仪行为并不可能给人们带来神奇的力量，并以此来完成道德的态度和意向。所以，在《论语》中孔子在回答为什么礼仪没有完成它在社会中的精神—道德的作用的时候，给予我们的答案是礼仪的精神与道德作用的发挥需要一些必备的先决条件，这些先决条件并不存于作为社会习俗的礼仪本身当中。首先，从个人层面来看，这些先决条件可以理解为一种教育，孔子认为在教育当中人们既要学习礼乐还要学习那些与礼乐无关的道德意象，以及他们之间的关系，这是礼仪的精神—道德作用发挥的先决条件之一。其次，从社会层面来看，先决条件似乎包含了一个广泛领域内的问题的讨论，他认为，孔子所关注的政治领域就与礼仪没有直接的关系。史华慈认为，葛瑞汉意识到了孔子乃至后来的儒学当中所强调的政治手段的政策问题在为个人利益而寻找权力时的作用，并且在终极的意义上礼仪行为的恰当实践是实现儒学政治统治的一个关键因素，这的确是《论语》所讨论的一个重要的方面，但是针对葛瑞汉像芬格莱特一样坚信所有的政府都可以被简化为礼仪的时候，史华慈尖锐地指出，在一个"道"普遍存在的理想社会中礼仪行为在政治领域的重要作用是存在的，但是，在《论语》中孔子却明显地意识到了，在他所生活的时代，"道"并非普遍存在。所以，统治阶级政策的实现在孔子所生活的世界中仅仅通过统治阶级对于"礼"的熟练践行是远远不够的。在人们的生活中，有效地实现"礼"的先决条件是，在保证人们接受包括礼乐在内的教育的同时，统治阶级能够实行一些惠民的政策，使人民富裕起来，这样"道"才可以失而复得，"礼"的道德—精神作用才会得以发挥，葛瑞汉和芬格莱特所说的"神奇的力量"才能得以展现。

（二）人究竟是礼仪的存在，还是内在的道德来源？

史华慈认为，葛瑞汉和芬格莱特之所以将《论语》中的"礼"定义为人存在的本质，是因为他们受到以下两方面的影响：第一，他们站在西方当时的反心理主义立场，反对西方的二元论；第二，他们接受了赖尔、奥斯丁等人的哲学观点，尤其是奥斯丁的言语行为理论，认为奥斯丁的理论为解决西方的二元论危机提供了一个有效的出路。在奥斯丁看来语言不是在陈述它是什么行为，而是在显示或表明它是什么行为，语言本身就是一种行为。继而，他们认为礼仪本身就是一种行为，礼仪是人类历史积淀所形成的人性的表现，所以，人是礼仪的存在。

针对以上两点，史华慈提出了自己的观点。首先，史华慈认为对于二元论，"身心二分"的说法在西方与在中国一样让人感到陌生。这种身心二分，不但在古代希伯来的思想中不存在，在希腊前哲学时期也不存在。将有效的心理特征与特定的器官相联系在后笛卡尔主义与中国古代哲学中是比较流行的。史华慈认为古希腊哲学中二元主义的起源于那些并不是讨论个别的身心而是讨论物质和无实体的精神。其次，他认为《论语》中的"人"是身心不可分割的复杂的实体，人并不是一个没有任何内容的原点。人并非只有在受到"礼"的形塑时，人才为真正意义上的人。人是作为一种内在的道德来源而存在的。《论语》当中的内在与外在之分并不是身心之分，而是指人（作为身心的融合）作为道德态度和意向（心、思维既是精神的又是身体的)的内在所在和人的行为规范,在广义上指文明的社会秩序的分别。在《论语》当中这两个维度是交织在一起的,不存在一方嵌入于另一方的问题。史华慈认为"德"应用于人的身上是指一种潜在于人之中的力量,绝不是礼仪行为的自发性所固有的。没有这种潜在于人的力量,在礼仪行为的关系中所表现的神圣性是无从自我展现的。葛瑞汉强调,语言的行为性,强调行为的自发性,继而强调意识的自发性。史华慈则认为自发的意识作为终极知识的一种形式在对于孔子的解读中的确占有中心地位(比如圣人境界),但是圣人的这种自发性(他的道德行为不仅仅包含对于礼仪的奉行)是在学习和获取知识的基础上,才能够找到行为的方向,只有在此基础上行为的方向才有可能由行为自身来决定,像是令人迷惑的倾向可以将自身整理清楚一样。这种"自发的意识"可以被看作是中国高层文化中的主导倾向,但是绝不可以将之定义为是行为本身所产生的结果。

(三)葛瑞汉关于孔子之"礼"的理解的"受文化制约性"

在当代西方,大多数学者对于中国思想的诠释源于他们自身的假设,这些假设或含蓄或明确地来源于西方的思想。史华慈认为,芬格莱特就是这样做的,同时,葛瑞汉也意识到了芬格莱特对于《论语》的分析是与某些令人兴奋的 20 世纪的重要哲学倾向联系起来,这些哲学对西方的传统观念提出了挑战。同时葛瑞汉也认为孔子的哲学与西方现在的一些专业哲学相关,主要是赖尔关于身心问题和奥斯丁的完成式行为表达的讨论。

针对葛瑞汉的这样一种观点,史华慈提出了"受文化制约"(cultural boundedness)问题。他认为,在葛瑞汉的论述当中,所使用的"serious"(严重的),"professional"(专业的),以及"twentieth-century Western philosophy"(20 世纪西方哲学)等词语,明显地暗示了他将西方哲学预设为一种权威,进而将中国哲学与之相比较。这是一种在没有深入讨论西方哲学家自身问题的情况下,将其思想预设为一种权威进行的一种受文化制约的比较方法(带有文化局限性的方法)。在这种比较中并不是比较本身受到文化的制约,而是假定比较双方中的一方代表着不可疑问的权威。

同时,史华慈认为,赖尔和奥斯丁等人的思想也并不能被理解为是西方的最新的权威的话语,更多的人认为当今西方的主流话语是海德格尔和德里达的大陆哲学而不是日常语言分析学派。葛瑞汉和芬格莱特所依据的理论在西方范围内并不具有权威性,又加之这种比较的受文化制约性，所以他们所得出的"人是礼仪性的存在"的结论是应该受到质疑的。

三　葛瑞汉对于史华慈批判的回应

葛瑞汉指出，他与芬格莱特一样将孔子的"礼"理解为一种行为，并与之将赖尔和奥斯丁的思想作比较主要是出于以下两种原因：第一，西方人对于孔子思想的理解不可避免地要反映当前的或者是已经过时的西方的立场，而且西方人将他们看成是理所应当的，比如西方人印象深刻的"身心二分法"。西方当代的思想家对于他们的这种二分法提出疑问，这正能够唤醒我们意识到孔子的思想领域中并不存在这种二分法。赖尔和奥斯丁（即使他们的理解是错误的）却可以帮助我们摆脱二分法的影响，去理解孔子的思想。第二，这种更深入的对于孔子思想的理解可以为解决西方的现有问题提供一个新的视角，同时还可以激励大家去发现不同于赖尔和奥斯丁的解决办法。葛瑞汉指出，他之所以将孔子的思想与当代的哲学相比较并不是因为当今结论的永久的正确性，或者是认为中国人在几千年前就得出了西方人现在才发现的问题的答案，而是因为在诠释中国经典文本的时候，西方遇到了很多障碍，而铲除这些理解障碍的方法就存在于西方当代的哲学当中。但是在西方传统中，从记忆中清除某事物并不是常见的假定，比如二分法，在西方人的心目中是根深蒂固的，这并不有利于解决我们理解中国文本的障碍。葛瑞汉想从一个新的角度入手，来发现西方传统与中国的相通之处。

史华慈认为，葛瑞汉对于孔子之"礼"的讨论建立在"自发的意识"这样一种中心议题的基础上。而葛瑞汉认为，史华慈所谓的"自发的意识性"，并不是他所论述的中心范畴或主题。葛瑞汉认为"意识"和"自发性"的概念是他讨论的两个核心概念，但是当把他们联系在一起使用的时候，就是完全的另外一回事。葛瑞汉认为自己所强调的是"意识的自发性"而不是"自发的意识性"。中国的道德哲学起始于自然的欲望和反感西方的功利主义相像，但它与功利主义不同的是，它并不是从心理事实出发来获取并不一定可靠的价值判断，而是假设智者的自发的倾向性比愚人的要正确。

葛瑞汉对中国道德哲学进行了"准三段论"的划分。他认为："中国伦理思维始于自然倾向与智慧价值。他遵循着一种近似于三段论的隐含的逻辑形式，即，从空间、时间与个人的全部观点直觉到任何事物都与此问题相关："我发现我倾向 X；无视相关的事物我发现我倾向于 Y。我让自己倾向哪个方向？知觉到任何事物都与此问题相关。所以让自己倾向于 X。"① 根据葛瑞汉的"准三段论"的划分，他认为中国的道德哲学考虑从实际经验当中获得事实。在当代的道德哲学中存在这样一种没有办法解决的事实：即最理性的行为者的价值观和审美观的改变大部分是自发的，甚至是不为行为者自身所察觉的。这种改变多半是随着行为者自身知识和经验的增长而发生的，我们通常认为这种变化是向着更好的方向发展，尽管这种改变看起来是由不断增长的意识所引起的而不是从原理当中得出的。在"准三段论"中葛瑞汉强调行为发生的动机。行为和意识都不是自发的，他们都由事物本身所决定（既不是自发的意识，也不是自发的行为）。在中国儒家，圣人是一种理想的人格，而圣人境界所拥有的意识并不是一种自发的意识，而是着重强调学习和思考对于意识发生的重要作用。所以，葛瑞汉认为，史华慈对于他的最基本的误解是把他的观点完全等同于中国道家的哲学范式——认为意识是自发的。

从以上的分析我们可以看出，葛瑞汉的孔子"礼"学研究可以理解为是对芬格莱特的一种辩护。他们都站在西方当代哲学的立场，对于"礼"给予了一种全新的解读。这种研究不单单在西方汉学界乃至哲学界都引起了不小的轰动，同时他们的研究也为国内的孔子研究提供了一个新的脉络与视域。从哲学诠释学的角度看来，这种解读是有一定的历史价值的，因为对于文本的解读是无穷尽的，每一种不同的解读都深深地体现了当时的社会背景和译者本身的价值观念。因此，我们可以说，文本的意义是由解释者的历史处境所规定的。伽达默尔指出："理解是从文本中接受有意义的东西，并把它们解释成自己理解世界的方式。理解不是对作者意图的心理揣想，而是读者与文本的沟通。人们对于历史文本的理解之所以可能，是文本的读者与作者的'视域'能够不断融合。任何解释都是基于现在和未来对过去的理解，理解是一种创造性的过程，被理解的内容是文本在历史中表现出来的东西，它要比作者想要表现出来的东西多得

---

① ［英］葛瑞汉：《论道者：中国古代哲学论辩》，张海宴译，中国社会科学出版社 2003 年版，第 383 页。

多。理解文本是一个创造过程，不但是作者的创造，而且是读者的创造，是建造文本意义的无限延伸的过程。"①

另外，葛瑞汉也指出，他的研究旨在为解决当代西方对于中国思想解读过程中存在的障碍。而且，他的观点是比较开放的，他认为在当代西方哲学内部存在扫除这些理解障碍的方法，这种方法并非仅仅存在于日常语言分析学派当中，很有可能还存在于其他哲学当中。通过这样的论述，我们一方面可以体会到葛瑞汉广阔的视野和开放的心态，同时我们也可以感受到他对于当代西方新近出现的哲学流派充满信心。作为一名西方的学者对于自身哲学立场的充分肯定是值得赞赏的。针对葛瑞汉的这一看法，史华慈认为，这体现了葛瑞汉所受西方文化的制约性，他仍是在"西方中心主义"的视野中，将西方文化视为"权威"的前提下，将中国文化与西方文化进行的比较。史华慈对葛瑞汉将西方自身的假设应用于中西文化的比较当中的揭示是中肯而明确的。正是西方自身的假设，使西方对于中国思想的诠释呈现出"西方性"。但是，消除这种"西方性"在当今世界的一段时间内是不可能实现的，就像是中国人对于西方思想的理解不可避免地带有中国性一样。对于文本的理解总是带有读者所持有的世界观的印记，这是理解的历史性的必然结果。想绝对地跳出中西方任何一方的思想对两者进行比较都是不可能的，因为任何一个理解者都带有其自身文明思想的特质因素，所以所谓的"思想比较"只有可能在一个相对平等的基础上进行。

针对葛瑞汉和芬格莱特关于"礼仪的适当践行会给行为者带来神奇的力量"的观点，史华慈提出了质疑。葛瑞汉认为意识带有自发性，这种自发性是适当的礼仪行为给予人们的神奇的力量。在这里葛瑞汉强调反复的、熟练的实践带给人们自觉的意识，这种意识来源于行为。而史华慈则认为葛瑞汉所谓的"神奇的力量"并非来源于行为本身，而是出于人的内在的道德来源。这两种不同的观点基于他们对于二元主义的不同看法。葛瑞汉认为西方现代的日常语言分析哲学可以用来解决西方哲学内部一直存在的二元论的倾向。但是史华慈则认为，西方的二元论并不是指人的身心二分，而是指物质和无实质内容精神物质之间的区别。

可见，对于"礼仪"的行为主义与否的理解是由于史华慈和葛瑞汉

---

① 赵敦华：《现代西方哲学新编》，北京大学出版社2007年版，第132页。

对于西方的二元论本身的不同理解所造成的。并根据不同的看法，呈现出他们将人定义为礼仪的存在或内在的道德来源。在对于孔子之"礼"乃至"人"的概念的理解，笔者较为赞同史华慈的观点。葛瑞汉过分地强调"礼"的行为性，初衷是解决西方的二元论，用新近的西方哲学话语来解释中国的思想，这种解释似乎有些脱离了孔子的思想。笔者认为，孔子是要将"礼"作为一种社会规范来约束人的行为，但是人自身的内在道德生活境界是人能够更好地实行礼仪规范的根本保证。史华慈意识到了人的内在道德的重要作用，强调外在行为与内在德性的不可分割性。并同时强调学习与思考在内在的德性形成和外在行为中的重要作用。其实，葛瑞汉也认为学习与思考在礼仪行为能够展现其"神奇的力量"中的重要作用，但是他过分地强调"行为"的决定作用，将一切道德都归结为行为，似乎有些偏颇。在孔子的道德哲学中，虽然重视行为的作用，但是作为内在道德来源的内心生活世界仍然是他所关注的中心内容之一。

第四节　郝大维和安乐哲对孔子之"礼"的阐释

郝大维和安乐哲将他们的哲学命名为"比较哲学"，其最重要的目的之一就是借助在其他文化思想研究中所获的灵感，揭示在自我文化中被忽略的成分，以解决自身文化语境中的困境。

他们将孔子的"礼"学研究放在"成人"这个大的框架之内，强调"礼"在"成人"的动态过程中的重要作用。将西方的存在主义和实用主义对"成人"的理解与孔子"成人"的理解相对比，进而揭示孔子之"礼"的特性及其在成人过程中的重要作用。

在西方的传统中，"成人"历来都是根据某种超验的模式来描述的，"成人"就是成功地按照理性目的行事。[①] 自智者派以来，"人"作为"创造者"的观念被引入西方的观念当中。经由文化人类学家和哲学家的不断深入思考，西方人渐渐认为人是意义的创造者，其最初的创造产品是自我与人格。在当代的存在哲学和实用主义者那里，将这种关于人性的认识与人的活动相联系。萨特认为人与存在的关系在于人可以改造存在，而

---

① [美]郝大维、安乐哲：《通过孔子而思》，何金俐译，北京大学出版社2005年版，第85页。

"成人"就是自在的个体自为化的塑造过程。在郝大维和安乐哲看来，萨特对于"人"的这种存在主义的解读始于人的个体意识，因而使其在解释"人"的问题上忽视了社会文化因素，忽视了对作为第一信息源的社会环境之作用的重要讨论。①

郝大维和安乐哲认为，在实用主义哲学中，人是有意识的存在，人的发展依赖的是更为根本的社会性彼此作用的观念。② 杜威区分了经验的自我和存在的自我。他认为，人不是经验的创造者，而是经验的反应性行动者。社会习惯生成经验的方式，一种生活方式的行为造成的结果与他者的行为不可分割地交织在一起。所以，在实用主义哲学当中，充分展示了"人"的社会维度。

孔子的"成人"概念在郝大维和安乐哲看来，充分显示了"人"的社会维度。存在主义哲学对人的理解建立在"个人主义"的基础之上，这是与孔子的思想不相通的，但是存在主义拒绝用自然主义的概念来诠释"人"，而站在人本主义的立场当中，这是与孔子的一致之处。实用主义哲学承认人的"社会维度"，强调人的社会性，这正是孔子之"人"的重要特征。

作为"成人"过程中的一个不可或缺的因素"礼"，郝大维和安乐哲强调了社会性及其在构成社群中的重要作用，并同时指出礼仪具有一种创造性的个人向度。在理解"礼"的创造性的过程中，对于"礼"与"义"的互为性的解读则是理解该问题的关键所在。

一 "礼"的社会维度的演进

郝大维和安乐哲认为，"礼"最初是统治者所指定的一些仪式化的程序，其目的是为统治者与神灵建立某种联系，在这样的形式内，礼仪是作为"一种强化人类与其自然和神灵世界和谐关系的手段。他们被用来加强人类对有规律的存在过程的参与意识和语境意识。于是'礼'逐渐从统治者自身延及宫廷和社群的其他成员，发展出越来越多的社会意义"③。"礼"从最初的一种宗教表演，一种作为专门指导宗教祭祀的种种礼仪模

---

① [美]郝大维、安乐哲：《通过孔子而思》，何金俐译，北京大学出版社2005年版，第90页。
② 同上。
③ 同上书，第102页。

式，进而逐渐演变成涵盖了中国社会生活的全部谱系。所以，郝大维和安乐哲说："在中国'礼'的概念是非常宽泛的，包含了从交往的方式、手段，到社会政治制度这期间的一切。它是中国文化的决定性的组织机构，并且规定了社会政治秩序。它是这一文化表达自身的语言。"① 就这样"礼"从关注人与超自然的力量的关系发展到关注人类社会成员之间的关系，继而在社会生活的方方面面发挥作用。而"礼"也由以神性为中心向人类为中心过渡，"礼"的权威性也从神转向了人。

郝大维和安乐哲将"礼"译作"observing ritual propriety"，充分强调了隐含在"礼"当中的种种隐喻角色、关系和制度。"礼"是在家庭、团体和政治结构中划定每个成员位置和地位的人文建构；是代代相传的生命形式，它是意义的源泉，它帮助年轻人掌握永恒的价值，确定各自的位置。②

二 礼仪构成既定社群的精神气质和连贯性

本尼迪克特在《文化模式》中指出，任何一个文化中的大部分人都按部就班地遵照社会规范、风俗习惯所认可的方式来行动的。事实上，人的"看法"与"做法"总会受到特定的——即他生活于其中的——习俗、风俗和思想方式的"神差"与"鬼使"，就是说，人很难超越沿袭既久的传统。习俗在形成个人的行为中所起的作用远远超过了个人对传统习俗所能产生的任何影响。③ 传统和习俗在一个特定的文化模式的形成过程中起到了至关重要的作用。

"礼"作为一种普通认可的行为方式，为人的行为提供了准则和规范，不仅仅起到了维护社会秩序的作用，同时影响了人们的日常生活。"礼"是一种植根传统且代代流传的、浓缩的文化智慧，承载了特定社群中的文化习俗。个人完全融入一个礼仪社会的先决条件就是接受它的各种习俗、制度和价值观。郝大维和安乐哲指出：礼仪组织化的社群是由习俗

---

① ［美］郝大维、安乐哲：《汉哲学思维的文化探源》，施忠连译，江苏人民出版社1999年版，第277页。
② ［美］安乐哲、罗思文：《〈论语〉的哲学诠释》，中国社会科学出版社2003年版，第52页。
③ ［美］本尼迪克特：《文化模式》，王炜等译，生活·读书·新知三联书店1988年版，第5页。

塑造而成的。礼仪表达了那些不要求其社群成员发展个人习惯的习俗。[1]"礼"是聚结文化传统意义和价值的具体化或形式化,"礼"可被更详实地表述为形式化的人类行为延续的传统,其既显示了先人所赋予传统的积累的意义,又是与传统的过程性相应的,并对重构和创新的互换和开放。蓄积了传统意义的"礼"是传统赖以延续、个人借此获得文化修养的形式化结构。[2] 所以,礼仪行为在建构存在和行动者的意义上,是建构性的和内在性的。作为一种建构性的行为,它为个体的表达提供了形式。作为一种内在性的行为,他为人们的行为方式提供了指南。在同一个社群中,人们在日常生活的方方面面都体现着特定礼仪的规范,继而形成了既定社群的精神气质。

礼仪不仅构成了既定社群的精神气质,还具有连贯性的特征。传统经由礼仪而得到继承和发展,所以礼仪必须放在特定的脉络中来加以思考。在缺乏超越性的中国社会中,日常生活是在一个由各种关系所界定的社会进行的。个体之间在相互关联和协调中生活,个体之间不但是相互依赖的,同时也是彼此连续的。

三 礼仪社会性的个人向度

郝大维和安乐哲的孔子礼学研究的创新之处在于他们对于"礼"的讨论中强调礼仪社会性的个人向度,突出自我的创造性。他们认为:"尽管礼仪实践最初经由其权威化的形式将行为者引入各种社会关系之中,但是,这些礼仪实践并不只是有关积淀到文化传统之中的适当性(appropriateness)的一些被给予的标准。礼仪实践同时也具有一种创造性的个人向度。在任何社会的模式之外,存在着一种开放的礼仪结构,这种开放的礼仪结构被个人化和再形式化,以便容纳每个参与者的特点和性质。从这个角度看,对于记录、发展和展示一个人自己关于文化重要性的感受,礼仪是一种有弹性的载体。处在修身过程中的人要想将其各种洞见具体化,使之能够从自身独特的角度来革新社群,礼仪实践是一种必要的工具。礼仪使那些参与社群生活方式的人们获得权威,社群也进而由于礼仪而获得其

---

[1] [美]安乐哲:《自我的圆成:中西互镜下的古典儒学与道家》,彭国翔编译,河北人民出版社2006年版,第522页。

[2] [美]郝大维、安乐哲:《通过孔子而思》,何金俐译,北京大学出版社2005年版,第105页。

权威。"①

礼仪和习俗的载体被称之为是维护和支持文化传统创新和创造性的"根本"。人们在对于"礼"的践行过程中保存、传播了文化的意义,"礼"的践行使人成为社群中的一员,使人社会化,在社群中的每一个特殊个体都接受了体现共同价值的"礼"的时候,也加强了社群的凝聚力,保证社群的和谐发展。但是,同时我们应当看到,"礼"是主体间性的,因为它不仅承载着先人之"义",同时也载负构建其文化氛围的当代人所投注的意义。合乎"礼"的行为为社会和谐提供了前提条件。在中国社会,这种和谐体现在人与人的关系之中,在关系中人们获得了创造和展现自身意义的途径。"礼"作为既得智慧在指导当下生活的意义上是规范性的,但它又是经验性的,因为"礼"是否符合当代生活需要个人的判断力参与其中。在人的创造性得到普遍认同的情况下,我们深刻地了解人是作为意义行为的本源和创造者而存在的。"礼"作为一种形式化的工具,是展示自我个体性意义建构的"手段"。每一个参与礼仪活动其中的人都有其独特性和品质,"礼"只有在个体被传统所赋予的礼仪行为促发,而将自我贡献其中时才会获得意义。郝大维和安乐哲认为,将"礼"译作"propriety"表明"礼"具有"拥有者的"(proprietorial)的含义。所以,"礼"一方面将人整合在特定的规范和关系当中,另一方面它并不是对社会文化模式和标准的顺从,在礼仪行为中强调自我判断的意识。只有展示自我个体性的"礼"才能建构真正有意义的活动。

所以,在礼仪社会性的个人向度上,郝大维和安乐哲强调"人"的创造性,强调人们在修身的过程中将"礼"作为一种手段。个人在受到传统的指引下,在追求与当下社会环境适宜的情况下,必须衡量和改造传统,使之适应新的环境,而这个过程便是个体创造性的具体化,这样个体在内化了"礼仪"所规范的社群的同时,又以独特的角度改造了社群。

四 礼义的互为性

纵观西方近现代对于"人"的理解,郝大维和安乐哲赞同萨特的观点,认为人与存在的关系即:人可以改造存在。行动就是改造世界,就是

---

① [美]安乐哲:《自我的圆成:中西互镜下的古典儒学与道家》,彭国翔编译,河北人民出版社2006年版,第514页。

根据目的采取的手段。在行动中，人们创造了意义。但是，他们认为，萨特对于"人"的解读忽略了人作为社会性的存在，而实用主义的观点体现了人是社会性的存在，人作为有自我意识的存在的发展，是依赖社会性的彼此作用。自我产生于环境，在自我的行动中给世界创造了意义，同时人自身也被社会创造。

　　结合以上的观点，郝大维和安乐哲分析了孔子学说当中"礼"与"义"的关系。他们认为，"礼"是凝结传统意义和价值的形式化结构。而"义"则是一个自我身份诠释的概念，是人的一种突出的个性。"义者，宜也。""礼"为人们的行为提供了形式化的结构，"义"在其最根本的层面将审美、道德和理性意义引入社会中的个人行为中。[1] 人的一切道德行为都应该以"义"为准绳。正是在"礼"提供的形式框架和具体语境中的与"义"相宜的行为，将人本身积累的意义赋予语境，同时人在与语境的互动中获得意义。所以，"义"所表征的是个人向世界赋予的意义，而"礼"则是充盈历史之"义"的知识库，是以"义"为条件的特定的人类行为。

　　"礼"起源于传统。传统指历史沿传而来的思想、道德、风俗、艺术、制度、习惯等，具有"传承"的意义。"礼"作为人们的日常生活行为规范，是一种制度，一种习惯，是一代一代传承下来的。代代传承的"礼"既是历史性的又是经验性的，它是符合社群的整体发展方向且适应当下的特定环境的行为规范。而"义"在郝大维和安乐哲看来，正是孔子语境本体论的产物，它依赖于语境并生成于语境。"义"内在地与它获得实现的特定的语境交融在一起。所以，"'义'既非决定者，也非被决定者，它实现与决定于语境的交互作用，且据此得获其'宜'。"[2] 情境交互中的"义"的集合构成了传统的"礼"的全貌，并在新的情境中不断地展现其创新和创造的维度。所以，郝大维和安乐哲认为礼在为"义"提供了行动的规范的同时，更是历史之"义"的集合。

　　"义"在郝大维和安乐哲看来是人的内在个性的突出体现，"义"不仅仅表现为一种内在性，同时它也是行为，这种行为是根据特定的语境自

---

[1] ［美］郝大维、安乐哲《通过孔子而思》，何金俐译，北京大学出版社2005年版，第113页。

[2] 同上书，第120—121页。

发并具有创新性的。这种通过"义"所表现的个体的创造性也正是"礼"的根源。"没有个体的创造性,'礼'会化约为盲目、强加的复制和维持。这种空洞形式的束缚绝不可能赋予个体生气,这些无意义的行为只能是对真正的'礼'的拙劣模仿。'礼'所创造的'礼'又成为后来'义'的典范。"就是在礼义的这样一种互为性过程中发展完善并创新了"礼",人也在这种互为性中创造了意义并被意义所创造着。

郝大维和安乐哲对于孔子之"礼"的阐释是建立在"礼"的社会维度和创新维度的基础之上的。对于"礼"的社会维度,在西方早已经达成基本共识。但是,郝大维和安乐哲以实用主义的原理来解释"礼"的社会性,在西方则是一个新的尝试。他们从孔子的语境本体论出发,来解读"礼"的概念,并指出语境对于"成人"的观念的不可化约性,突出了"礼"的社会维度。

从"人是意义的创造者并在创造意义过程中创造自身"的观点出发,郝大维和安乐哲指出,"礼"作为传统和习俗,有其创新性的维度,这种创新来自于每个礼仪的践行者,人不仅仅是遵从礼而行事,在对礼的践行过程中每个人都会根据不同的情境发挥主观能动性,"礼"正是在这种不断地改造与创新过程中变得更加适合当前的境遇,为人们提供规范的行为准则,对"礼"的规范的创新过程也是人不断地创新自己的过程,这是成人过程中的一个不可或缺的环节。

郝大维和安乐哲指出在许多西方学者对于孔子之"礼"的研究过程中忽略了一个在孔子思想体系中至关重要的一个概念"义",而"义"对于"礼"的解读又显得至关重要。他们认为在孔子的思想中"礼""义"存在互为性。"义"将道德、审美和理性引入到社会中人的行为当中,它并不是作为一套规范而存在的,而是以建立"礼"的功能为前提的一种创新性活动,它为"礼"的传统延续性提供了保障,同时也肯定了个体对传统赋予的意义。

郝大维和安乐哲在礼义的互为性的基础上,根据人的创造的本性,提出"礼"的创新性,给西方世界的孔子"礼"学研究提供了一个新的视角。他们洞察到了在孔子的思想中"语境"的重要作用。在语境本体论的基础上指出,行为是与语境相关的一种创新性的活动,这一点在理解孔子思想方面起到了至关重要的作用。他们也尖锐地指出,在芬格莱特的"礼"学研究中只注意到"仁与礼"的互动而没有对"义"的概念予以足够的重视，没有看到惯性所必须的个体的创造性，这是导致他的研究含混晦涩的主要原因之一。

笔者认为，郝大维和安乐哲在比较哲学视域中的孔子礼学研究在赋予"礼"以创新的维度，并在礼义的互为性当中来对礼进行诠释，对于孔子礼学的研究是一个全新的并且是一种重要的诠释。这种诠释不单单深刻地反映了他们的洞见，对于孔子礼学研究的当代深入发展也具有深刻的影响。同时，在此意义上他们也证明，在赋予"礼"以创新性维度的同时，孔子并不可被视为一个坚决的保守主义者，孔子的思想是开放的，是面向未来的。

本章小结

在西方汉学家的孔子研究中一直回避孔子的"礼"学思想，因为他们认为"礼"等同于封建礼教。在1972年美国的哲学家芬格莱特出版了《孔子：即凡而圣》，这部著作用中国式的价值标准系统深入地研究了孔子的思想。芬格莱特在这本小册之中将孔子思想的核心定义为"礼"，并结合西方当时提出的日常语言分析哲学的言语分析理论将孔子的"礼"定义为一种行为，并认为礼仪行为是人性所在。他的研究开辟了西方正面评价孔子礼学思想的先河，继而引起了西方学界在孔子礼学方面的深入研究。

芬格莱特对于孔子之"礼"的界定引发了史华慈的质疑。史华慈认为，礼仪并不是人性的体现，他认为礼仪是普遍王权统治下的一种行为规定，这种行为规定赋予等级制与权威以人情的魅力。因此，如果说芬格莱特将礼定义成一种外在的行为，那么，史华慈则认为"礼"不单单是"行为"，其"行为"本身展示的是人的自主的内在生活领域。

在芬格莱特与史华慈针对孔子的"礼"展开对话的同时，葛瑞汉发表文章以支持芬格莱特的观点，继而史华慈与葛瑞汉又对孔子之"礼"的观点展开了对话。

郝大维和安乐哲将"礼"放在儒家"成人"的动态过程中来解析，强调人对于礼的创造性维度。

就这样，有关孔子之"礼"的研究成为20世纪70年代以后西方孔子研究中的显学。在持续的对话中，孔子的"礼"学在被定义为维护等级制工具的同时，研究者们更发现了"礼"所蕴含的维护社会安定局面，保持社会和谐的重要作用。

第四章　西方的孔子"仁"学研究

　　尽管孔子自称是"述而不作",但是在赋予"仁"的概念以一种全新的内涵的意义上,他堪称是一位"创造者"。由于在孔子研究的最重要的文献《论语》中,孔子并没有对"仁"给予明确的定义。所以,关于"仁是什么"成为孔子研究中一直以来悬而未决的问题。对于"仁"的理解有以下几种主流的思想:第一,"仁"是心之全德。从孟子到宋儒,主流思想认为:"仁"是一种内心的情感,心之全德。在讨论到"仁"与性、情、理的关系时,主流思想认为"仁"有情感的内容和理性的形式,是情感和理性的统一。钱穆和李泽厚也认为"仁"是一种内心的情感,强调仁的心理本体地位。钱穆认为,"仁"就是爱人之心,是人心之本质。李泽厚说,"仁"是"心理情感",是根本的"心理本体",他反对20世纪的"反心理主义"。第二,"仁"是人格塑造。胡适和蔡元培强调"仁"之于成人、人格塑造方面的意义。胡适认为,"仁"即是做人的道理。① 蔡元培指出"仁"是"统摄诸德,完成人格之名"。第三,"仁"是自我的觉解。冯友兰强调仁的觉解意义。冯友兰认为"仁"是"真情实感"和"心之全德",是"人的自觉"。② 第四,"仁"是一种实存性目标。张岱年认为"仁"是一种实存性的目标,"仁"是一个"极崇高而又切实的生活理想,不玄远,无神秘。"③ 第五,"仁"是本己的存在本质。蒙培元认为"仁"就其根源来说是人的本己的存在本质;就其存在而言,"仁"是最真实的情感;就其本质而言,则是情感所具有的价值内容。这些价值内容不完全是主观的,自我生成的,而是来源于自然界的生命创

---

① 　胡适:《中国哲学史大纲》,团结出版社2007年版,第104页。
② 　冯友兰:《中国哲学史》(第一册),人民出版社1996年版,第76—77页。
③ 　张岱年:《中国哲学大纲》,中国社会科学出版社1982年版,第2页。

造。因此,"仁"与天道、天命有内在的联系,不只是主观的心理本体。①第六,"仁"是道德本体。杨泽波提出了"伦理心境"说,他的弟子则再将仁作为道德本体的同时,分析了"仁"构成的动态过程。现代新儒家杜维明也认为"仁"是具有普遍一般性的美德。第七,"仁"是人的本体和方法的统一。成中英认为,孔子把人、仁作为一体两面,即理想与现实、本体与方法的互用和整合。他用仁整合人,用人发挥仁。"仁"既是一整体本体,也可以是一方法;人既是一方法,也是一整体本体。人仁互为体用、互为本体与方法。②

孔子的思想在300多年《论语》的翻译中得以在英美世界流传。但是西方人在不同的时期,出于不同的目的,一直都是处于"西方中心主义"的框架下来解读孔子思想的。这样就使孔子的思想在本质上受到了扭曲。孔子思想是中国传统文化的核心,对于西方人理解中国传统文化也起到了制约作用。20世纪70年以来一批英美本土的哲学家和汉学家的不断努力,使西方的孔子研究逐步摆脱了"西方中心主义",也使孔子思想的研究在英美本土形成了相互对话与批判的状态。西方的孔子研究呈现出一种前所未有的势态,他们对于孔子学说的核心"仁"的研究更是另有一番见地。美国的芬格莱特和史华慈在有关孔子的"仁"的解读方面就持完全相反的态度,这不仅推动了西方孔子研究的进程,同时也为中国的孔子研究提供新的、可借鉴的资源。

第一节 芬格莱特的"仁"学研究

芬格莱特的孔子研究是在"仁与礼"的关系框架之内展开的。在强调"礼"是一种行为的同时,他也强调作为人格力量的"仁"的行为性。他认为孔子所讨论的"仁"是建立在人与人的关系基础之上的,而人与人的关系模式是人们之间一般的相互诚信与尊重。而这种相互诚信与尊重的人际关系则表现为"礼"所规定的社会关系。如果人们能够真诚履行礼仪行为,就会感受到一种"神奇的力量",而这种"神奇的力量"便使

---

① 蒙培元:《蒙培元讲孔子》,北京大学出版社2005年版,第58页。
② 李翔海、邓克武:《成中英文集:论中西哲学的精神》,湖北人民出版社2006年版,第341页。

人们感受到了"仁"。所以,"仁"是一种人的力量,这种力量并非内在于人,而是通过"礼"这种力量辐射到社会生活的各个方面。

一 "仁"是一种行为

芬格莱特在1972年出版的《孔子:即凡而圣》一书当中,结合日常语言分析学派的言语行为理论提出礼是一种行为,在生存论的意义上提出,在孔子的思想中"礼"是人的生存结构,人是礼仪性的存在。同时他认为在《论语》中没有任何关于"仁"的论述是关于人的内在心灵生活的隐喻,所以"'仁'以及与之相关的'德'和'礼',在原典中都与用来表示'意志'、'情感'和'内在状态'的语言无关"①。芬格莱特认为礼仪是一种行为,"仁"也是一种行为,并在"礼"与"仁"的关系中讨论"仁"。他认为"礼"和"仁"是同一事情的两个方面,各自指向人在其担当的独特的人际角色中所表现出来的行为的某一个方面。②"礼"侧重于社会关系语境中人的行为,是一种公开的、有序的模式,符合社会身份的特定的行为,也被认为是恒常准则的榜样,"仁"则侧重于独特个体的独特行为境遇,带有个人取向,但是符合礼的规范的人的行为。

二 "仁"是一个人决定遵从礼,在礼中塑造自我

芬格莱特认为孔子的"仁"是一种行为,而且是一种没有时空步骤的"简单的"行为。所以孔子说:"仁远乎哉?我欲仁,斯仁至矣。"(《论语·述而》)在芬格莱特看来,"从行为者的立场观察某个行为,并不是从外在的时空转向内在的神秘领域,而是根据一些范畴使这个行为特征化——这些范畴以及把该行为描绘成公开行为举止的那些范畴没有同样的逻辑特征"③。就像是一个人决定遵从礼。因为"礼仪"是一种公开的行为,礼仪本身包含一系列的步骤,各个步骤之间是有着一定的逻辑关系的。环环相接的步骤构成了"礼仪"的行为,而"礼仪"行为中并不包含"决定"。"决定"也没有步骤可言,没有内在的方式或方法,它不是

---

① [美]赫伯特·芬格莱特:《孔子:即凡而圣》,彭国翔译,江苏人民出版社2002年版,第43页。
② 同上书,第42页。
③ 同上书,第50页。

一种内在的行为、心理的行为。因为"决定"在终极的意义上来说，只有一种决定的方法，这方法就是决定。所以，孔子并没有对如何成为仁者给予详细的分析，因为"仁"其实就是一个人决定遵从"礼"，即孔子所说的："仁远乎哉？我欲仁，斯仁至矣！"（《论语·述而》）

芬格莱特承认"礼"的社会性，并强调"仁"与人际关系的相关性。同时，他指出"仁"的行为带有个人取向。所以，在芬格莱特看来，"礼"为"仁"提供了一种行为范式和标准，个人在遇到具体的事情的时候根据当时的具体情境而采取的符合"礼"的标准的行为，在此意义上便成就了"仁"。所以，从这一点上来看，"仁"并不是什么内在的心理行为，它也是一种行为，是一种符合"礼"的标准和要求的人的行为。

三 "仁"是一种"不忧"的状况，一个"克己复礼"的人的状况

在《论语》中的子罕篇和宪问篇两次提到"仁者不忧"，芬格莱特认为"不忧"是仁者的本质特征，但是"仁"并不与"忧"形成对立，以此来强调"仁"并不是一个心理学术语。他认为在英语当中"troubled"最能表达《论语》中的"忧"的含义。因为他认为在《论语》文本中的"忧"多数是指由"客观的状态"带给人们的"客观不安状况"，同时"忧"也带有"最大的不祥和不快"的含义。并没有任何的语言和意向告诉我们忧是一种"主观的状态"。

既然"忧"在芬格莱特看来是一个人卷入一种客观上不安、忧虑的境地并与之回应的状况，所以他得出结论："不忧"就是以某种方式进行回应的人的状态，这种方式被很好地整合进一种客观上安定的和有组织的情境之中。[①] 所以，"不忧"同"忧"一样也是一种人的状况，"不忧"作为"仁"的本质特征，即"仁"也是一种人的状况。芬格莱特认为，孔子学说的关注点在于人的行为与公共环境。而将人的行为和公共环境有效结合在一起的是"礼"。芬格莱特认为，"礼"是人类的行为结构，这种行为能够谐和人的行为，并使人类能够过上一种完美的、有组织的生活，有助于人类社会的蓬勃发展。"礼"是确保人类处于一种"不忧"的状态的根本保证，如果人们都能够"克己复礼"，就能处于"不忧"的状

---

① ［美］赫伯特·芬格莱特：《孔子：即凡而圣》，彭国翔译，江苏人民出版社2002年版，第47页。

态,也即"克己复礼"的状态,"仁"的状态,一种人的状态。

四 "仁"是一种客观的、可以观察的人格

在谈论孔子之"仁"的最初,芬格莱特就谈到,孔子的"仁"和人与人之间的关系密切相连,对于人生理想至关重要。孔子所追求的"仁"的境界是行为者通过"礼"的践行使释放出来的力量辐射到每一个角落,并能够影响他人的行为,进而达到人们之间的相互诚信与尊重。"仁"的这种行为力量强调行为的方向性和目标性,而不强调行为的终极性和过程性。这种力量从行为者出发,所以它是人类的力量。这种人类的力量是当人成为"真正的人"即人在行为中充分做到了与行为的参与者之间的尊重与诚信,使其行为合乎"礼"的规范,以此来维护社会的安定与和谐,这种行为所带来的是一种力量,一种人的力量,它指向人类同时影响人类。

"仁"之所以具有影响人类的力量,是因为它是一种行为,这种行为保证"礼"的规范得以顺利执行,它所展现的各种行为是"礼"的真正形态,是人类的各种美德力量的集中体现,是人类原初意义上的"德",即人格的体现。这种人格不单单是一种客观存在的事实,它是由人的行为所展现出来的人的力量。

芬格莱特强调"仁"是一种外在的、公共的行为,一方面是受到当时美国的反心理主义和个体主义的影响,同时他又是言语行为理论的创始人奥斯丁的追随者,奥斯丁的行为理论对他也产生了至深的影响。但是,笔者认为这只是形成芬格莱特对于孔子之"仁"的解说的行为主义的一个方面。芬格莱特并不懂中文,他对于孔子思想的理解是基于他所见到的《论语》的英译本。在美国较为流行的《论语》英译本是 Arthur Waley(韦利)的译本,Arthur Waley(韦利)将在《论语》中关于"仁"的理解至关重要的一句话"克己复礼为仁"翻译为:"He who can submit himself to rutual is Good"。这样的解释的确指明了:"'仁'是一种行为,是一种遵照礼仪办事的行为。"芬格莱特是否受到了韦利的影响,则不得而知。

芬格莱特将"仁"的解读放在人与人的关系之中,并认为"仁"带有个人取向,是个体在独特行为境遇下符合礼的行为。芬格莱特给予"仁"的这一看法与郝大维和安乐哲对孔子"义"的概念的探讨有异曲同工之处。(这里需要指出的是郝大维和安乐哲不仅仅将"义"看成是一种行为,而且认为它是人的本性。)郝大维和安乐哲对于芬格莱特对"义"的缄默也感到疑惑不解,因为在他们看到"义"恰恰体现了人在特殊的境遇中按照礼仪的标准,在对"礼"的传统继承的基础上的创新活动,这种行为是发自内心的,具有创造意义与在意义中进行自我创造的双重维度。

第二节 史华慈的"仁"学研究

史华慈和芬格莱特一样认为"仁"具有社会性的内容。芬格莱特认为,在孔子的学说中,品质与意义都扎根于行动本身之中,它们似乎就是行动自身的意义。他们与任何个人内在的、心理的或主观性的本质毫无关系。但是,史华慈并不认为"仁"是一种行为,他对于"仁"的讨论依然是站在批判芬格莱特的立场当中进行的。史华慈认为,"仁"指称的是个人的内在生活,孔子主要关注的是那些品质、身份以及内在的心理倾向,并且不仅将其与具体行动,还将其与活生生的、具有人格的人关联在一起,而且,孔子对这些内在品质的强调是他的真正创新之一。

史华慈认为,"仁"指称的是个人的内在道德生活,这种生活中包含有自我反省与自我反思的能力,它包括了人的所有外向德性和灵魂的气质倾向。"仁"是一个大全,包含了所有单独的德性,而且它不仅仅是潜在于人身上的道德,它还具有实存性的目标,因而具有目标性。

一 "仁"是一种内在的气质倾向

史华慈在讨论"仁"的时候首先肯定了"仁"在伦理层面的含义。他认为"仁"是一种能够使人在适当的精神氛围下按照礼仪的规定来行事的社会德性和能力。而在孔子看来(史华慈认为这是孔子对"仁"的创新),"仁"并不仅仅是一种潜在于人身上的道德内涵,同时它具有实存性的目标,是通过教育可以达到的。教育的结果使人存在一种内在的价值判断标准,这种价值观体现为一种内在的气质倾向,外在表现为符合"礼"的规范人的行为。

为了更好地论证"仁"是具有内在的人的德性的大全,而非行为本身的结果,并且人们能够按照礼仪的标准来完成行为是这种内在的德性的外在表现,史华慈指出,"仁"这种德性指引人们的行为朝着"仁者"的终极使命——"为了他人"而展开,就是在这个"终极"使命的指引下,每个社会成员都各尽其责,扮演好自己的社会角色,在人们的行为都为了他人的社会中,必然呈现出和谐美满的景象。

所以,"仁"是一种内在的气质倾向,这种内在的倾向体现的正是"礼"所规范的内容,是"礼"的内化,"礼"以"仁"为根本,"仁"以"礼"为形式,是"礼"的根本内核。

二 "仁"是一种再现礼之固有精神和其自身潜力的能力

史华慈认为,在《论语》中"仁"尤其表现出"一种内在的宁静、淡泊,对人们直接控制的世上事物的幸运或不幸态度漠然"。他认为,"'仁'包括了所有外向德性和'灵魂的气质倾向'(心)(disposition of soul)"。在"仁"赋予个人使外在表现得以可能的"内在气质"的同时,"仁"表现为一种能力,这种能力使礼与之所固有的精神相融合,并使仁的潜在的能力得以激活。①

"礼"既指具体的礼仪实践又指一种规范性的社会秩序。"礼"固有的精神便是谐和人与人之间的关系,使社会出现安定的局面。而"仁者"的终极使命是实现"仁者爱人",即"为了他人"。简言之,"仁者"的目标是为社会带来和平。所以,仁者所践行的礼仪行为是礼与之固有的精神相融合的典范。

史华慈认为,孔子对于"仁"的另外一个创新之处在于他认为"仁"这种高尚的社会伦理道德不仅仅可以体现在高尚的人的身上,普通的人经过学习和思考都能够使"仁"所包含的伦理道德内化为自身的气质,并在行为中按照它的指引来完成自身的行为。在史华慈看来,人们通过学习和思考便会形成辨别是非善恶的判断能力,而这种能力外在表现为平静和均衡。这种"平和"正是仁者所具有的潜在的能力。仁者的这种潜在的能力使人达到"仁者无忧"的境界。然而,"仁者无忧"的境界并非在现实生活中真的没有困惑与忧愁,而是"仁"作为一种内在的能力,一种存在于内心中的不断的追求,能够使仁者即使在艰苦的环境中也始终保持

---

① [美]本杰明·史华慈:《古代中国的思想世界》,程钢译、刘东校,江苏人民出版社2004年版,第81页。

着一种乐观向上的态度,这样就有了论语中所描绘的颜回之乐与孔子之乐:"一箪食,一瓢饮,在陋巷,人不堪其忧,回也不改其乐。"(《论语·述而》)"其为人也,发愤忘食,乐以忘忧,不知老之将至云尔。"史华慈从以上的例子推断出,他们乐观、宁静的生活态度并非源自于对于礼仪的实践,而是一种态度,一种学习的态度,一种由于能够通过不断的学习而得到的满足与欣慰。

史华慈同时看到,"礼"是作为一种传统的规范而存在的,同时传统与新的境遇二者之间存在着对立关系。所以,孔子引入了"义"的概念,指引人们如何在独特的境遇下采取适宜的行为。史华慈认为"礼"的规定是生活的规矩,尽管十分重要,但却很难覆盖所有的生活情境。每个人的生活情境都是独一无二的,在绝大多数情况下不存在简单的能够覆盖一切情境的规矩。[①] 在现实生活中我们会遇到许多两难的处境,孔子也说自己很难达到"智而不惑"的理想境地。

而"义"在中国古代含有这样的意义:即通过判断对事情采取最为合理的反应,采取最为适宜、恰当的行动。在史华慈眼中,"义"是"礼"的根本,同时它也是"仁"的基本属性,生活中需要人们作出选择的时候;在"礼"的规范没有给我们提供现成的"行为方式"的时候,我们就要通过存在于自身之中的、内在的决定性的力量,从多种可能性之中作出选择,这时就要用到"义","义"所表现出来的恰恰是一种内在的气质,是"礼"固有的精神,是自身潜力的展现。

三 "仁"是通过"学"而内化的"礼"

在《论语》中,孔子展现给我们的是"仁"与"礼"存在着不可瓦解的纽带关系。所以,对于"仁"与"礼"之间的关系问题的讨论是学界研究的一个热点话题。学者在两者关系问题上的讨论可谓是"仁者见仁,智者见智"。芬格莱特认为,"礼"是一种公开的行为,而"仁"则是一个人决定遵从"礼"。在这样的意义上,"仁"是一种行为,它与个体主观的内在情感和态度毫无关系。而史华慈的观点与之恰恰相反,他认为,"仁"就是人类内在的道德生活,"仁"是通过"学"而内化的

[①] [美] 本杰明·史华慈:《古代中国的思想世界》,程钢译、刘东校,江苏人民出版社2004年版,第79页。

"礼"。所以,"学"在"仁"与"礼"的关系中起到了至关重要的媒介作用。史华慈认为"礼"为人们实现优秀人格之最高理想——"仁"提供了限制性的格式和构造性、教育性的效力,而"仁"作为一种内在性的意志和与"礼"相关的德性为"礼"注射了真正的灵魂和肉体。实现人的最高理想"仁"的途径就是通过"学"使"礼"内在化。

孔子有关"学"的具体内容是"诗、书、礼、乐"。这些内容覆盖了现实生活的大多数领域。史华慈认为,如果说"礼"与"书"的关注点在客观的社会政治秩序,那么"诗"("诗"当时也是能唱的)和"乐"主要是"心"的内在状态的体现。音乐所激起的情感是存在于表演者的心理和人格之中的,孔子坚信"音乐能够直接而又有力地塑造人的情感生活,并把人的心灵提升到能够接受崇高的思想、并受到鼓舞从而以更高尚的方式付诸行动的境地"①。

在这种观点的支撑下,史华慈提出:"即使诗和音乐都关系到人的内在的仁德的修养,但都包括必须靠'学习'才能掌握的技能和文化素材,它们不可能通过纯粹的沉思就加以掌握。"② 因为,他认为,可能存在一些不教而知的德性,这种"德性"在《论语》中的体现就是"质",一种尚未分化的质料,与"学习"后而获得的"文"形成了对比。所以,孔子说:"质胜文则野,文胜质则史。文质彬彬,然后君子。"(《论语·雍也》)所以,他认为一些人不"学习"、不讲"礼",但是他们存在质朴的"善心",这种善不辨是非。只有君子"学习"和践行"礼"会使他们不单单具有"善"即"仁人"品质,同时还能获得辨别是非的能力。所以,君子具有这样的品质:能够通过"学习"而为"礼"注入其特有的、内在的"仁"的精神,以使周礼像是《以西结书》(Ezekiel)中的枯骨一样可以在孔子生活的时代复生。

史华慈对于孔子"仁"的理解较为接近中国大陆一些学者的观点,所以,他的研究使我们看起来并不陌生和晦涩。

首先,他在社会的维度下讨论了"仁",认为"仁"具有社会属性。笔者认为,社会维度的确是解读孔子之"仁"的一个重要的切入点。因

---

① [美]本杰明·史华慈:《古代中国的思想世界》,程钢译、刘东校,江苏人民出版社2004年版,第87页。

② 同上。

为，人具有社会性，而"仁"作为体现人的伦理道德的一个总称，是放在社会的框架内加以阐释的。正如史华慈所说的："'仁者'的终极使命是为了他人，泛而言之，'仁者'要为社会带来和平。"①

其次，史华慈在对于"仁"的解读过程中，将"仁"视为人的内在的精神气质。强调"仁"的内在性，对于芬格莱特的"仁"的行为性予以批判。笔者认为，"仁"在孔子的学说中，代表的却是一种伦理观念，这种观念内在于人心，并作为衡量人的行为的准绳，为保证"礼"所规范的社会秩序提供了内在的保障。所以，"仁"是人的内在的精神气质，这种气质赋予"礼"的限制性格以持续不断的意志；而"礼"具有沟通性和教育性的作用，正是在"礼"的规范下，人们才能不断地实现作为优秀人格之理想的"仁人"。

再次，史华慈洞察到了"义"作为孔子思想中一个至关重要的概念和其对于解读"仁"与"礼"之间的关系的重要作用。"义"作为解决传统价值观和当下独特境遇之间的矛盾提供了答案。"义"作为"礼"的根本，同时也是"仁"的基本属性。"仁"作为一种气质倾向，德性的大全，在个别的行为当中是由"义"所体现的。史华慈认为，"仁者"是在人与人的关系中形成的，在人与人的沟通和交往过程中，保证人的行为按照"礼"的规范进行的是"仁"所体现的个人内在气质倾向，而"义"作为"仁"的基本属性则在体现个性的同时，规范人的行为趋向"礼"的标准，这样表现为对他人之爱的"仁"便会自然地展现出来。所以在"礼"的规范下，在"仁"的倾向中，在"义"的协调下，"仁者"的目标得以实现，社会秩序因此和谐。

最后，史华慈与郝大维和安乐哲一样，注意到了"学习"对于成为"仁者"的重要作用。史华慈认为学习是"礼"内化为"仁"的关键。人如果不通过学习的过程便不会达到"仁人"的境界。因为在学习的过程中使"礼"内化为人所具有的内在气质，使人的内在气质倾向符合社会的伦理生活要求，在"仁德"的指引下不但使自己的行为为社会生活的和谐稳定添砖加瓦，同时，个人身上所体现的"仁者"的气质风范也为其他人提供了学习的榜样。人人都以"仁者"为榜样，这

---

① [美]本杰明·史华慈：《古代中国的思想世界》，程钢译、刘东校，江苏人民出版社2004年版，第81页。

同样是社会和谐的基础和保障。所以,"学"成为了"礼"内化为"仁"的关键。

第三节　郝大维和安乐哲的"仁"学研究

"仁"在《论语》当中的核心地位是毋庸置疑的,它可以说是孔子哲学中最重要的概念之一,但孔子本人并没有给出明确的界定,这样一来,使孔子思想的研究者们在孔子对"仁"给予的各种各样的分析中感到不知所措。在中国,人们对于孔子之"仁"的理解是见仁见智,在西方的孔子研究中依然呈现出同样的势态。

芬格莱特认为"仁"是一种行为;而史华慈则认为"仁"是展现"礼"的固有精神的内在精神气质;陈荣捷和杜维明认为"仁"指人的某种内在品格。杜维明更进一步指出"仁"作为一种内在的道德,"这种'内在性'不意味着'仁'不是一个从外面得到的品质,也不是生物的、社会的或政治力量的产物。'仁'作为一种内在的道德并不是由于'礼'的机制从外面造就成的,而是一个更高层次的概念,它赋予'礼'以意义"[1]。

郝大维和安乐哲则认为,"仁"既具有外在性又具有内在性。在孔子的学说中"仁"与"人"具有共同的定义,二者都意指"人",只是反映了品质获得的不同程度。[2]"仁"指涉人性的已得状态,一个印在个体全部行为中的特征,它是获得社群尊敬且拥有感召力量的源泉。同时,"仁"应被视为人性的转化,不仅意指已获得"仁"的品格的人,还包括此一品格借以实现的过程。[3]

一　从"人"到"仁"的转变是一个持久开放的过程

郝大维和安乐哲从"仁者,人也"的论述出发,认为"仁"与"人"一个概念所代表的不同层次,并指出正是因为"人"的概念的复杂

---

[1] 杜维明:《"仁"与"礼"之间的创造性张力》,转引自郭齐勇、郑文龙《杜维明文集》第四卷,武汉出版社2002年版,第19页。

[2] [美]郝大维、安乐哲:《通过孔子而思》,何金俐译,北京大学出版社2005年版,第134—136页。

[3] 同上书,第134—135页。

性和多层次性，进而表现出《论语》中"仁"的界定的多样性。

首先，他们认为："'人'整体概念是如此复杂且可以从如此多的层面展开，因此，任何简单的断言必然只能是片面的，且容易导致曲解甚至相互抵触。"① 的确关于"人是什么"这个问题是一个极其复杂的问题。自古至今，人们写下了无数篇文字来讨论人、人性、人的本质，但是至今答案仍是莫衷一是。中国的儒家、道家、法家等各个学派对于"人性"的看法则大相径庭，西方的哲学家和思想家对此也各持己见。所以，根据郝大维和安乐哲的观点，"仁"与"人"的概念具有同源性，在《论语》中所展示的孔子对"仁"的多层次、多角度的论述正体现了"仁"的概念与"人"的概念一样的复杂性。

其次，他们认为："既然'人'突破了所有个体自成一格的原则，那么无论何种断言和定论都不必然为真，而必须是放在具体环境中诠释。一种情况下为'仁'则另一情况未必如是。而对于每个人来说获得人性的方式也必然不一样。"② 在这里郝大维和安乐哲强调，"人"的概念的一般性和作为个别"人"的概念特殊性。因为，"人"作为一个整体性范畴包含了属人的一切，而作为个体的每一个人都是一个具有自觉性、能动性和创造性的个体。人类文明的发展、历史的转折都是个人能动性和创造性的体现。正是在人不断地、能动地创造世界的过程中，人类也不断地创造和完善着自我。人类的生活总是面临着新的境遇与挑战，不断地适应新的挑战，不断地反思人生的意义。在这样一个过程中，个体所面临的环境是常新的，每个人的经验世界都是独特的，在获得人性的过程中走过的道路也由于经验世界的不同而显得千差万别。所以，对于体现"人性"的"仁"的定义自然是莫衷一是的。

再次，他们认为，"孔子所谓'人能弘道'，这显然表明'人'是自我限定的。孔子的哲学倾向不容许严格的行动者/行动的区分，那么'仁'作为一个过程性术语就没有特定的终极限定。"③ 郝大维和安乐哲认为，儒家与西方在解释自我和世界的角度上存在本质的差别。西方必须以

---

① ［美］郝大维、安乐哲：《通过孔子而思》，何金俐译，北京大学出版社2005年版，第135页。
② 同上。
③ 同上。

实体来解释世界，尤其是在解释"自我"的问题上，借助超验原理的诠释都要以"自我"实体为依据。而儒家所表现的却不是一种非实体本体论而是一种现象本体论，儒家关注的是在特定的语境中对个体的特定行为的诠释。所以，"人"作为行动者及其行动的原因和结果是在同一个语境中加以考虑的。"人"的行为是永无止境的，而"仁人"总是处于不断地自我创造和超越之中。"仁人"与"成人"一样，是一种过程。在这一过程中，人不断地去行动，去塑造自我，超越自我。而作为一种实存性的目标，"仁"显得永远无法把握。所以，从"人"到"仁"的转变是一个持久开放的过程。

二 从"人"到"仁"的转变是一个整体性的过程

郝大维和安乐哲认为，西方文化中的"超验"传统使人们在对概念的理解过程中注重概念的分离和对立。而"儒家宇宙构成之初各要素——天、地、人——之间相互的内在性排除了对超验语言的使用，因而也戒绝了任何有害的二元对比"[①]。他们认为，中国宇宙论与西方超验性的宇宙论相比较而言是"内在性"的，与之相对应的认识论是等效意义的反向性。所以，他们认为："反向性表明有重大关联的概念实际上是均衡地关联着的，彼此都要求充分的结合。儒家宇宙是一个与其构成成分彼此构建而成的语境。即一个有机体通常被认为是为了特定的意图和目的而彼此关联协同的各个部分构成的整体。"[②] 所以，对于中国人的理解不应该像西方那样强调个体的独立特性，而应该将其放入由家庭和社会背景所构成的特定的关系模式中来讨论，因为"关联性"显示了中国人的生存方式的基本特征。

在讨论孔子的"仁"的过程中，他们从"人"与"仁"是一个概念出发，将"人"放在社会关系的框架中来讨论，结合实用主义对"成人"的基本看法——成人根本上是社会性的，指出"仁"从根本上看是一个整体性的过程。"仁"是指一个完整的人而言，即"在利益角色和人际关系中体现出来的，后天所获得的感性的、美学的道德的和宗教的意识。正

[①] [美]郝大维、安乐哲：《通过孔子而思》，何金俐译，北京大学出版社2005年版，第19页。

[②] 同上。

是人的'自我领域'，即重要人际关系的综合，使人成为完全意义上的社会人"①。从人到"仁"的转化是深刻领悟关系性的"人"的过程。"仁"必须通过共同语境下的人际交往才可以获得。②

（一）仁者是在人际交往中实现的

郝大维和安乐哲认为，从字形上来看，"仁"与"人"的区别在于，"仁"是在"人"的基础上增加了"二"，而这个"二"正好表明了，从"人"到"仁"的转变是在人与人之间实现的。在社会关系构成的客观条件下，沟通构成了人与人之间最基本的交往模式。沟通在最基本的含义上来说是指人与人之间通过信息的传递与交流，在思想上达成共识，从而能够影响并产生实质的行动或结果。所以，沟通并不是一个主体性的活动，而是在自我和他者之间相互作用的行为和结果。他们认为，孔子在《论语·微子》中的一段话恰好表明了孔子的观点："鸟兽不可与同群，无非斯人之徒与而谁与？"（《论语·微子》）人是不可能脱离群体而独立存在的。人际交往构成了人存在的一般模式。人际交往是以沟通为手段的，并且在其过程中，人与人之间不断进行视域融合。

从诠释学的角度来看，个体的理解首先都带有"前结构"，即个体在与他者进行沟通之前，都具有自身经验生活中所形成的判断力。我们总是在与别人沟通之前，把他人置于自身的这种前理解当中，这就是诠释学所谓的"前见"。个体在与他人进行沟通之前总是带有特定的先行立场或视角。这种前见或前理解同时也是历史赋予人的产生性的积极因素，它形成了每个个体的特殊的"视域"。伽达默尔否认人在交往过程中有两种视域的存在，他认为沟通双方的视域并不是封闭和孤立的，它是理解在时间中进行交流的场所。个体在保持了自身的价值观和判断力的立场中通过沟通了解他人的观点和态度，并且对他人的观点给予判断，不断扩大自己的视域，个体通过延展自身的视域而包容他者的确定状况、感觉态度和思想经历，使他与交流者的视域相融合。在这样一个过程中，"二"表明了一种关系，同时表明了两个视角在成为"仁者"中的关键作用，就是在沟通中的不断的视域融合过程，使人不断地完善自我的人格，逐步实现从

---

① ［美］郝大维、安乐哲：《通过孔子而思》，何金俐译，北京大学出版社 2005 年版，第 19 页。

② 同上书，第 136 页。

"人"到"仁"的转变。

(二)仁者是汲取他人塑造自我的过程,也是个体之"义"的运用过程

个体在从"人"向"仁"的转变过程中,始终保持着自我的判断力和价值观,因为每个人对于事物的理解都带有前结构(前理解),这是历史和传统赋予个人的特定属性。但是在人与人的沟通过程中,人们总是能够与他人的视域进行融合,并使自身向更完美的人格靠近。在视域融合的过程中,个体将他者视域与个体融合的过程也是对他者的视域和利益进行肯定的过程。在西方,多数人认为,孔子"恕"的观念和"克己"的观念恰恰表明了仁者的突出特征即普遍重视他者的利益,反对"小人"微不足道的利益,而修身以求大善。

但是,郝大维和安乐哲认为,"孔子确实坚持认为,消除有局限性的'己'是'仁'的必要前提,而且他反对'小人'之微不足道的求'利'。但是孔子把'克己'视为拓展个体关心范围,且将自我倾向适当应用于这一更宽泛语境中的预备阶段。所以,尽管'仁'一般针对'外部',但这一行为的基础始终是自我的'义'感"[1]。其实,他们的这一观点,也正体现了当代诠释学的基本观点。首先,诠释学认为人们在与他者达到相互理解之前首先带有自身的前理解,这就是我们所说的每个人在从"人"到"仁"的转变过程中始终保持着自身的判断力和价值观,而在人与人的交往过程中人们并不是始终都以"恕"的标准和"克己"的态度来行动,这个过程"既不是一个个性完全移入另一个个性中,也不是使另一个性受制于我们自己的标准,而是两个个性的融合,这种融合标志着一种向更高的普遍性的提升,这种普遍性不仅克服了我们自己的个别性,而且也克服了那个人的个别性。获得一种普遍性的视域,就意味着我们学会了超出近在咫尺的东西去观看,但这不是为了避而不见这种东西,而是为了在一个更大的整体中按照一个正确的尺度去更好地观看这种东西"[2]。以上的这个诠释学观点恰恰显示了郝大维和安乐哲对于"义"在"成人"即成为"仁者"中的作用。

---

[1] [美]郝大维、安乐哲:《通过孔子而思》,何金俐译,北京大学出版社2005年版,第138页。

[2] 洪汉鼎:《哲学诠释学的基本特征》,转引自《中国诠释学》第六辑,山东人民出版社2009年版,第39页。

郝大维和安乐哲认为"自我"可以这样来表述:"自我之域"是由被分化为传统的种种形式结构与通过种种社会相互作用而参与其中的历史和当代之"我"融合构成的。而仁者是在运用个体之"义"的同时,汲取他人塑造自我的过程。的确,人在向"仁者"转变的过程中需要在不断地沟通过程中汲取他人的人格当中的更适合人类进步的一种普遍性的视域来不断地发展和完善自我,在这一过程中自身变得更关心普遍的利益。所以,由"人"向"仁"的转变过程是一个求大善的过程。同时这个过程以自身的判断力和价值观为前提和基础的,即以个体之"义"为基础。在成为"仁者"的过程中,个体之"义"不断地领会和运用他人之"义"。在这一过程中,人不但汲取他人而塑造了自我,同时也是在自我之"义"与他人之"义"的交融过程中,使个体之"义"向更普遍的意义提升和发展的过程。

(三)仁者之爱是自我与他者彼此契合的基础

郝大维和安乐哲认为,"仁"是某种整体性的成人过程。这一整体性,蕴含着人需要在人与人的相互关系中来发展和完善自我。人与人的相互关系的理想状态便是人们都能够相亲相爱,达到彼此的契合。郝大维和安乐哲认为,仁者之爱是自我与他者彼此契合的基础。在他们看来,孔子的"仁者之爱"包含有两层含义:较低的一个层次的"爱"是能够促使他者关心自己所关心的事情;较高一个层次的"爱"便是把关心别人当成自己的事情。这两个层次的"爱"也恰恰表明了孔子所关注的仁者之爱是自反性的,即"自我同自我——他者关切的整体之域融而为一"[1]。

在郝大维和安乐哲看来,孔子所关注的仁者之爱是关系性的"我"实现人与人的沟通与交流的关键。仁者之爱使人与人之间彼此契合,"义"在实现人与人的契合过程中,即实现仁者之爱的过程中首先形成了自我的兴趣与价值认同的标准,为促使他者关心自己所关心的事情提供了观念上的保证。同时,"义"作为表达在适宜的环境下采取适宜的行动的方面,又赋予个体以诠释和实现适宜于其环境的创造性。这种创造性不仅表达到了个体的主动性,同时也展现了"义"的创新和相宜的根源。"义"的这种创新性和相宜性,正是"仁者之爱"的更高层次的表现,因

---

[1] [美]郝大维、安乐哲:《通过孔子而思》,何金俐译,北京大学出版社2005年版,第144页。

为他表达了个体能够在他人的立场上,以达到彼此的契合为目标来接受他人的观点与态度,进而使自我与他者关切的整体之域合而为一。"义"的双重含义,表达了仁者之爱作为一个自反性的概念两个层次,为人与人之间的契合提供了保障。

在郝大维和安乐哲对于孔子之"仁"的讨论过程中,他们从"仁"的概念入手,认为"仁"与"人"是同一个概念,只不过表现的是"人性"获得的不同状态。由于"人"概念的复杂性,导致了古今中外对于"仁"的概念的莫衷一是的状态。既然"人"与"仁"的区别在于人性获得的不同状态,而"仁"代表着人性已得的状态,所以,郝大维和安乐哲认为"仁"的获得与"成人"密切相关,它体现为一个过程,由于人性的不断完善,这个过程也表现为一个持久开放的过程。

同时,郝大维和安乐哲认为关系性的"我"以及使之实现的沟通和交流是孔子关注的一个中心,同时它也是理解"仁"的关键之一。他们认为"仁"的实现是人与人之间不断沟通与交流的整体性过程。在这个过程中,个体之"义"为个体提供了价值观和判断力,为个体行为提供方向性。同时,"义"的适宜性和创新性保障了个体对于别人所关心的事物的接受与认同的可能性。正是在这两个层次上,"义"帮助人们实现了"仁者之爱",使人与人的视域不断地交融,使人向着更普遍的视域不断发展和完善自我。

通过他们的分析,我们可以看出,他们并不像芬格莱特和史华慈那样把"仁"看作是一个外在或内在的概念,而认为"仁"是一个既关涉外在,又关涉内在的概念。"成仁"涉及的是整体的人,既关注人的内省、内在的自我,又涉及"社会"、"主动"和"外在"的自我。笔者认为,郝大维和安乐哲有关孔子之"仁"的分析具有一定的合理性和说服力。

首先,"仁"关涉到"人性"问题,它是人性的理想状态。每个独立的个体都是传统和历史的产物,对于事物不同的判断力和价值观构成了人的独特个性,也成为个体与人沟通的基础。正是在人与人的沟通过程中,人们根据自身的判断不断地塑造自我也不断地为他人所塑造,使人朝着理想化的"仁"的方向发展。

其次,由"人"到"仁"的转变的确是一个整体性的过程,它不单单涉及自我的内在之"义"的判断,更涉及在"仁"与人在社会环境中的沟通过程中,个体主动的关注他人的判断和价值观念,并根据具体的情境而将他人之"义"融入个体之"义"的一个融合过程。在这个过程中，个体之"义"实现了其创新的维度，同时也使个体之"义"朝着更普遍的意义发展，以实现理想的人格。

最后，从郝大维和安乐哲的论述中，我们可以看出，他们认为，"仁者"是构成和谐社会的基础。因为，仁者有能力使别人关心他所关心的事情，同时，他也希望把别人的事情当作自己的事情。这样一来，"仁"与人之间便可以达到彼此理解和关心的理想状态，社会自然呈现出安定团结的局面。

本章小结

通过分析芬格莱特、史华慈和郝大维与安乐哲有关孔子之"仁"的论述，我们可以看出，依据新的理论在当今西方世界对于"仁"的研究已经产生了一个前所未有的景象。无论是芬格莱特源于西方哲学内部的分析哲学背景下，在反心理主义立场中的行为主义分析所展现的"文化特殊性"；还是史华慈持"文化普遍性"观点前提下的孔子"仁"学心理主义分析；还是郝大维与安乐哲比较哲学视域中的"仁的整体性"分析，都是在新的历史条件下人们根据新的理论进行深入思考的结晶；都是人们对于孔子"仁学"研究向纵深发展的成果；都为西方世界和中国的孔子研究提供了新的视野。同时，也是"文化普遍主义"、"文化特殊主义"以及"文化比较"视角的交织，构成了当代英美世界孔子研究的多面图景。从诠释学的角度来看，对于文本的每一种理解都是在历史中解释者的视域与作者的视域融合的结果，文本的意义的真正丰富是在它们不断理解的变化之中。有关"仁"的理解，也是历史的产物。以上西方学者对于孔子之"仁"的理解，是在当代的视域中，对中国哲学和西方哲学反思的结果，是对《论语》理解过程中的几种不同的声音。

当代英美世界对于孔子"仁"学的研究是国际汉学研究的一个组成部分。作为承载中国传统文化思想的孔子思想研究受到了英美汉学家的重视。孔子的"仁"学思想是孔子思想的核心，也是中国传统文化的重要组成部分。从孔子的"仁"学研究入手来了解中国传统文化是一个必经之路。当代英美世界对孔子"仁"学研究的又一次兴起，是与全球化的总体趋势相适应的，它也是中国改革开放以来在各个方面迅速发展的结果。随着中国在国际事务中扮演的角色越来越重要，英美世界的孔子研究也进一步加深。芬格莱特作为美国本土的哲学家对于孔子思想的深入研究恰恰体现了作为中国传统文化重要组成部分的儒家思想的现代价值。

文化作为一个民族价值观的镜像折射，它是一个民族得以存在的基本条件。在世界经济一体化的进程越来越迅速的同时，世界各国的文化进一步呈现出异彩纷呈的面貌。在西方的理性思维受到质疑的今天，西方人开始在中国文化和中国哲学中寻找能够解决其思想内部矛盾的良方与出路，其实这也是世界与人类的动态平衡、和谐发展的需要。

中国哲学自先秦以来就对人的重要性和自主性给予了重要的地位，中国哲学以其对人的内在根源的深厚了解以及对其转化潜力的理解，提供了一个人性的完整形象作为事物的本质；中国哲学在思想方式上提供了一个含容多端并统汇成章的思维模型以作为思想自我创造提升的本质。这种强烈的人文主义精神正是现实中的西方文化危机中西方人在苦苦追寻的。无论是西方孔子研究内部出现的"文化普遍主义"，还是"文化特殊主义"立场，其最终的目的都是为了发掘孔子思想的当代意义，已解决现实中的西方文化危机。

作为中国人我们应该更好地利用这些域外视角中的中国传统哲学研究来为国内的儒学研究提供新的视域，挖掘儒学的当代意义和价值，以弘扬中国传统文化，实现中国文化更有效地对外传播，并显示中国文化的世界文化意义。

第五章　孔子的天道观研究

自 16 世纪明末清初耶稣会士入华以来，作为西方文化核心的基督教与作为中国文化核心的儒学相遇，因而有了儒学与宗教关系的讨论。20 世纪后半叶，国内外兴起了一股宗教研究的热潮。这股热潮不单使世界范围内的宗教对话越来越受到重视，同时也促进了儒学与宗教的关系这一话题的深入发展。

自黑格尔以来西方对中国文化尤其是儒家思想形成了一种偏见，认为孔子宣扬的是一种世俗的道德，并没有提出高远的理想，所以在孔子的思想中缺乏超越性。并且，黑格尔认为中国的宗教属于最底层的宗教，是一种自然宗教，这种自然宗教仅高于"直接宗教"（指巫术）。黑格尔说："中国的天并不是在尘世之上形成一个独立的王国，而且本身就是理想的天国的一个世界，就像我们设想有天使和死者灵魂的天一样，或者像希腊的奥林帕斯山不同于尘世间的生活一样；而是一切都在尘世间，一切拥有量的东西都隶属于皇帝。这是个别的自我意识，它以有意识的方式遂行这种完全的统治。"[①] 马克斯·韦伯认为儒学只是世俗道德伦理的说教，不具有超越性与宗教性。他们的观点深深地影响了西方学术界对于儒学的看法，进而形成了西方人的一种普遍观念：即中国文化中缺乏一种超越的精神。

当代新儒家对这种看法持否定的态度，他们经常用超越性和内在性来诠释儒家思想尤其是儒家思想中的"天命观"。其实内在性与超越性这一对哲学范畴属西方哲学的范畴。这对哲学范畴被用来概括中西文化的特征是中西文化碰撞与比较的结果。在西方哲学的传统中，内在性与超越性这对范畴是被应用在两个不同的系统中的，即有认知或事实系统与价值系统

[①] 李明辉：《当代儒学的自我转化》，中国社会科学出版社 2001 年版，第 119 页。

的分别。"超越性"作为一个哲学范畴,在事实系统(认知系统)中指认识对象不依赖认识者的意识而独立存在,因认识对象的某些性质超越了经验能力,而在价值系统中"超越"则指在宇宙的秩序中,有超出有形世界的无限的超越者。"内在性"在事实系统(价值系统)中指认识对象并非是超越人世行为而独立的存在物,而是由认知行为所设定而留在认识之内。而在价值系统中,"内在性"意指绝对者或上帝在有限者之内。① 但是,这一对范畴被运用于中西文化比较的领域,其意义仅限于价值系统。西方哲学传统中的内在性与超越性在价值体系中成为中西文化比较的连接词,乃是因为中西文化在价值系统中皆力图解决或回答人间的秩序和道德价值的来源。② 由西方普遍的观念来看,在中国儒家思想中并不像西方那样存在一个上帝作为最先的、永恒的和终极性的存在,是万物和世界秩序的创造者,是真善美的统一。所以,人的超越性追求是向外的,因为超越的源头在外在性的上帝。由此,我们可以看出,在西方超越性与外在性是不相矛盾的,而超越性与内在性之间存在着矛盾。但是,当代新儒家认为,内在性与超越性并非是两个相对立的概念,因为中国人认为人的超越的依据即在人的内在性之中。在中国文化萌发之际,超越价值的源在于"天","天"是外在于人的超越的实体。但是经过中国文化的不断发展,"天"渐渐地展示出"既超越又内在"的特性。唐君毅先生在《中国文化之精神价值》中说道:"在中国思想中,于天德中开出地德,而天地并称,实表示一极高之形上学与宗教的智慧。盖此并非使天失其统一性,而使宇宙为二元。而唯是由一本之天之开出地,以包举自然界而已。天包举自然界,因而亦包举生于自然界之人,与人在自然所创造之一切人文,此所谓包举,乃既包而覆之,亦举而升之。夫然,故天一方不失其超越性,在人与万物之上,一方亦在人与万物之中,而宛在人与万物之左右或之下。"③ 因此,作为与现实世界的人与自然界有一段距离和张力的"天"来说,其具有超越性。而"天"与现实世界尤其是人之间的张力可以通过人自身的努力而消除,不必求彼岸或天国而达到"天人合一"的儒学最高境界,这便是"天"的内在性的含义。

---

① 樊志辉:《内在于超越之间——迈向后实践哲学的理论探索》,黑龙江人民出版社2002年版,第2—3页。
② 同上书,第3页。
③ 唐君毅:《中国文化之精神》,正中书局1974年版,第338页。

虽然黑格尔和马克斯·韦伯对于儒学的性质的判断论断为西方世界对中国文化尤其是儒家文化的理解产生了深远的影响，但近些年来，西方汉学家和哲学工作者在儒学的宗教、伦理和精神向度的研究也越来越深入。在儒学是否具有超越性和宗教性方面，出现了一个新的研究势态。他们虽然在儒学是否具有超越性的问题上的观点各持己见，但是大多数人都认为儒学具有宗教性，并对世界文化的发展具有重要的意义。西方的汉学家和哲学家对于孔子的思想当中是否具有超越性以及儒学是否具有宗教性的讨论，大都是从孔子对于非人类领域的态度和观点出发的。讨论的焦点主要在孔子思想中的"天"、"命"、"天命"、"道"等概念的论述。

第一节 芬格莱特的孔子天道观研究

芬格莱特对于孔子天道观的阐释主要集中在"道"的研究和探讨上。首先需要指出的是，芬格莱特认为孔子的"道"具有超验的性质，但是，他并不是在形而上学的意义上来宣称孔子的"道"是超验的，他认为"道"是超越于任何既定个体的。芬格莱特说，孔子的"道"是一贯之道，是没有十字路口的（way without crossroads），即"道"是一种一元的、肯定的秩序。个人有志于实现的东西是由"道"所要求实现的，而且个人的志向正是"道"所要求的。所以，"道"是人们有意识的行为的根据。个人的意识并不是个人的，芬格莱特认为无论是"道"还是"道"的附属方面都没有受到个人的限定。

一 "道"是一条没有十字路口的大道

"选择"和"责任"对于西方人来说是再熟悉不过的了，因为这两个词在西方有关人的哲学与宗教理解中处于核心地位。芬格莱特认为，在《论语》中孔子并没有对"选择"与"责任"进行详细的论述，其原因并不是在中国古代不存在"选择"与"责任"，而是因为，在《论语》中孔子关于"道"的概念，并没有给"选择"与"责任"留有讨论的空间。"道"代表的是一种单一、确定的秩序。根据"道"的基本含义和其引申的意义来看，"道"存在十字路口是一个很明显的意象，只有深信宇宙的观念具有基本明确的意义，具有一种一元的肯定秩序时，"道"作为十字路口的比喻意义才可能被忽略。芬格莱特认为："孔子把正确地遵循真实的大道的其它选择看成是步入歧途、迷失或放弃那真实的道路时，孔子对于一元的、肯定的秩序的信守也是显而易见的。也就是说，这个一元的大写秩序的唯一'替代物'就是无序、混沌。"①

芬格莱特系统地论证了在《论语》当中没有"选择—责任—罪感"这样的概念体系，以证明孔子的"道"是一种单一、确定的秩序。他认为，确保这一秩序稳定运行的关键，在于个人"修身"。个人如果能够接受良好的教育，找到正确的"道路"，并掌握行道所需要的各项技能，在学习的过程中持之以恒，信守大道，才可能成为人间的典范。

（一）在孔子的思想观念中不存在真正的选择

"道"在被规定为"没有十字路口的大道"的同时即规定了不存在真正的选择。因为在芬格莱特看来，孔子的思想中只有一条道路，就是他所谓的"大道"。"道"并不能引领人们到达命定的或理想的地方，但是，如果一个人能够沿着"道"前行，他就会达到一种境界，一种从容中道的境界。从容中道的境界能够使人变得身心宁静，保持一种平静而无纷扰的状态。这种状态来自于对于求道或行道的深切体会，并且认识到求道或行道本身就具有终极和绝对的价值……达到目标只不过是使自己当下立志求道或行道而已——确切地说，就是正确地理解和体会"道"的内在和终极的价值与意义。② 芬格莱特认为，"道"的概念与孔子的"礼"十分相近，而礼仪就是社会交往，就是人类生活，所以，如果人们能够沿着大道之道而行，便是恰当地遵守礼仪，因此"礼"便可以看成是具体的道路系统。

通过以上的分析我们可以看出，人们如果下定决心去寻求孔子所说的"大道"，就不会再有"选择"的概念。因为如果人们不遵循大道，不按照礼仪的要求去行事，就是偏离大道。而选择大道之外的任何的其他路线，在孔子看来都不是真正的"道"。因为正确的道路就是全心全意地去致力于学"道"，对"道"怀有坚定的信念，而这本身也就是"道"。所以，在孔子看来，致力于学"道"是唯一正确的道路，要选择致力于学"道"以外的任何路线都不是真正的"道"。至此，我们可以看出，孔子

---

① ［美］赫伯特·芬格莱特：《孔子：即凡而圣》，彭国翔、张华译，江苏人民出版社 2002 年版，第 19 页。

② 同上书，第 20 页。

观念中的"选择"与西方从几个同样真实的选择中挑选一个的选择观念不同，孔子的选择是要么坚定不移，尽力行"道"，要么就彷徨不定，步入歧途。在这样一种意义上，孔子的选择的概念并不是西方意义上的选择，而是区分或辨别，孔子的道德的任务便是辨别出真正的礼仪行为，并且在礼的框架内来定位人的行为，所以，任务是由知识而非选择而提出的。

在西方，"选择"在一定意义上被定义为一种根本的道德任务，而在孔子的思想中并不存在这样的观念。芬格莱特以《论语》中"直躬之父攘羊"的故事来说明这点。叶公语孔子曰："吾党有直躬者：其父攘羊，而子证之。"孔子曰："吾党之直者异于是：父为子隐，子为父隐，直在其中矣。"(《论语·子路》) 可见，叶公和孔子的观点是两种相互冲突的道德要求。在这种情况下，人们都知道尊重法律是正确的，保护父母也是正确的，在这两种责任发生冲突时，西方人必须作出选择。而孔子并没有在这两种相互冲突的责任之中作出选择，而是依据礼的习俗给出了巧妙的回答。所以，孔子的道德和思想取向并不同于西方，孔子的任务是：在礼的秩序内把那些根据初步印象可以选择的道路进行客观分类，以期发现哪一条路是真正的道路，探索哪一条道路是唯一光明璀璨的道路，哪一条道路或许只是空旷的灌木地带，只会把我们引入荆棘丛中。我们只需要作出不言而喻的假设：宇宙间存在着大道，那就是自我一贯、自我确证的道路。[①]

(二) 在孔子的思想观念中与选择相关的概念

芬格莱特认为，"选择"的观念是人类存在的一个基本特征，但是在孔子的思想中并不存在真正的"选择"观念，所以，在他的思想中必然也缺少"选择"概念复合体中的其他概念，如道德责任、罪过、惩罚和忏悔等。

1. "责任"

芬格莱特认为，责任这个词在西方的本意是道德的，"责任"在英语中用"responsibility"来表达，而责任这个词的独特的观念内容就在于它的词根"response"。所以，"责任"在英语当中表达的是"respond"的含

[①] [美]赫伯特·芬格莱特：《孔子：即凡而圣》，彭国翔、张华译，江苏人民出版社 2002 年版，第 24 页。

义,即"承担"、"回应"。芬格莱特说,在"责任"这个词中蕴含着独特的个人信守——我对这种行为负责;它是我的责任——这继而又把(道德)责任的观念同罪过、应得的惩罚以及悔改的观念联系起来。正是那个必须承担责任的人,在他的承担或担当里包含了罪过与受罚、痛恨与自新,或价值、尊严、奖赏等等这样一些与道德责任相关联的内容。①

同时,芬格莱特认为,在古代中国"责任"的本意是"引起"或"产生"而非"承担"和"回应"。所以,中国的"责任"的概念是一个因果性的概念,同时也是一个去道德化的概念。在中国的"责任"概念中强调,是谁或什么引起了某种状态。中国的"责任"概念的内涵是:谁必须对事物发展的道路承担责任?有义务为事物发展承担责任的人将和事物发展有某些实际的或潜在的因果关系,而并非每个这样的人都有义务为事物如何发展承担责任。②

2. 惩罚

在西方的观念当中,惩罚是与责任紧密相连的。在承担责任的过程中包含了惩罚。惩罚的本意是一种道德罪感。但是,芬格莱特认为,在《论语》中没有出现过作为道德赏罚的惩罚的概念。责任在《论语》中体现出某种功利主义的观点,因为责任似乎是对于过去发生的事情的原因作出诊断,为了保证人间秩序正常、有序地进行,人们可以随时采用惩罚和奖赏。所以,在西方与责任紧密相连的惩罚的观念在《论语》中则体现为确保社会不发生违法乱纪行为,在实践中起到威慑和制止作用的一种手段。

3. 内疚和忏悔

在西方的观念中"内疚"和"忏悔"是一种对于过失行为的道德回应。这种道德回应是内向性的,是对一个人受到玷污的、败坏的自我的一种内向指控。芬格莱特认为,在《论语》中同样没有作为一种对于过失行为的道德回应的内疚与忏悔的概念。

芬格莱特认为,在《论语》中孔子"耻"的概念,似乎与道德责任和内疚相关。在《论语》中拥有这样的一段话:"子曰:'道之以政,齐

---

① [美]赫伯特·芬格莱特:《孔子:即凡而圣》,彭国翔、张华译,江苏人民出版社2002年版,第25页。
② 同上书,第24页。

之以刑，民免而无耻；道之以德，齐之以礼，有耻且格'。"（《论语·为政》）这里的"耻"是作为一种道德反映而出现的。但是，芬格莱特认为，"耻"在这里并不是西方意义上的内向性的"内疚"（guilt）的概念，而有"羞耻"的含义。同时，在《论语》中还有很多地方提到了耻的概念，比如，当以背离了道的方式而获得物质利益的时候，人们会感到羞耻；当人们不能信守承诺的时候会感到羞耻；当人巧言令色、阿谀奉承、妄自尊大时会感到羞耻。但是芬格莱特认为所有以上提及的与"耻"相关的情境都是与"辱"密切相关的道德反映。但是，同时我们更应该注意到的是"耻"在这里即使是作为一个道德概念，并显示为一种道德反映，但是与它相应的道德关系却是指人与其由"礼"所规定的地位和角色的关系。因此，"耻"看起来是"外向"而不是"内向"的。①

在《论语》中出现的"耻"的概念是由对于道德秩序的侵犯引起的，而这种道德秩序就是传统礼仪所规定的社会行为，所以，芬格莱特认为，《论语》中的"耻"并不是倾向于一个人存在的内在核心即"自我"，因为羞耻感所指向的是某些具体的行为或外在的条件。"耻"是一种道德情感，这种道德情感更多地集中于一个人和外部世界相关的地位和品行。

根据以上几个概念的讨论，芬格莱特继而得出结论，他认为《论语》中没有类似西方的"选择—责任—罪感"这样的复杂的概念体系，并不是孔子拒绝讨论这些概念，而是因为在孔子的思想当中并不存在这样的概念。这样的概念并不是孔子思想框架中的主要语言与意向。使孔子思想呈现出如此样子的原因是，孔子思想中的核心的道德思想并不是要求人要为对出于自由意志选择的行为负责，道德的核心在于人是否能够按照礼仪的标准来规范自己的行为，即他的行为是否是"道"所要求的。在这个过程中，人不需要去为选择负责，而只要不断地接受"道"的教育，并能够持之以恒地按照"道"的标准去行动即可。在按照"道"行动的过程中并不会由于某种富有责任的选择而自我谴责、忏悔和内疚，因为"道"的行为是塑造人的过程，而在这一过程中人就是在不断地克服自身的缺点和不足。

二 "道"是某种超验的道德原则

芬格莱特认为，"道"的意义是独立于执行它的条件性个体而独立存

---

① ［美］赫伯特·芬格莱特：《孔子：即凡而圣》，彭国翔、张华译，江苏人民出版社2002年版，第30页。

在的,是某种具有超验性的道德原则。"道"具有超验性的主要来源是他对于人的定义。

芬格莱特认为,人是被塑造而成的。就人的概念来说,人是一个生来就要进入到社会当中的人,而且每个人都有被塑造成为一个圣贤君子的潜能,即被塑造为真正的人的潜能。作为个人,都需要通过不断地学习文化知识,在文化的熏陶和滋养中,在"礼"的形塑和约束中来不断地完善。如果一个人在受到老师良好的教育的同时,有充分的毅力能够坚持行"道",那么他就有可能成为君子,但是如果某个人不能够按照理想来塑造自己,不能够坚持"道",那么,他必然偏离大道。

将人完全地看成是一个被塑造的对象,自然使得人在终极意义上不是一种自主的存在。因为,个人是受到外部力量的塑造的,他缺乏一种内在的决定性的力量,在外部世界各种真实的选择项当中作出抉择,从而自主地塑造自己的生活。

芬格莱特认为,孔子思想中的人是以"道"为追求目标。所以《论语》中的个体既不是真正人性的终极单位也不是人的价值的最终依据。因为个体生命并没有因其自身而具有某种绝对的价值。而在孔子的视域中,正是与一个人的生——或死——的情境和方式有关的某些东西,才可望具有终极的价值。生活中至高的价值和尊严,以及生命的神圣性,都取决于实现卓越的人生之道的全心全意的精神和技艺。因此,具有至高价值的,是与道相合的生命,仁者的生命,而不是个体的存在本身。[1]

在此基础上,芬格莱特提出,孔子关于人性的哲学及其人文主义,并不是一种个人主义式的人文主义。因为,孔子认为在人的生活中值得重视的不是个体自我的存在,而是个体的、植根于传统之中的生活方式。传统生活方式的核心便是世代相承的行为模式,这种行为模式体现在按照礼的标准来约束自己的行为,以"道"为个人最高的追求目标。所以,"我"的意志并不是个人的,而是由"道"所限定的。"道"曰:处在我目前位置上的人和人都应当如此这般认为——我的专名并不是"道"或"礼"所固有的一部分。在"道"的一切方面,都具有一种内在的普遍性,而缺乏对于一种特定个体的根本指涉。我的个人存在是偶然性的,但"道"

---

[1] [美]赫伯特·芬格莱特:《孔子:即凡而圣》,彭国翔、张华译,江苏人民出版社2002年版,第91页。

却并非如此。"道"不仅仅不依赖于这样的所指就可以让人明白理解,而且,它的道德的权威也肯定不取决于把我指称为我所是的那种独一无二的存在。因此,尽管我求道的意志,在其活力的初始基点及其唤起、强度、方向和持久力控制等方面是个人的,但是,就我为我的意志选择和调整方向所依靠的根据而言,以及就我选择精力充沛地和全心全意地保持这种意志所依靠的根据来说,这种根据——道——绝不是一种仅仅指称我个人的根据。[①]

基于芬格莱特对人的概念的定义,以及人与道之间关系的探讨,我们看出,芬格莱特认为"道"是外在于人的行为的实存性目标。所以人在任何意义上其目标都是道,礼所构成的行道的具体路线图给人们提供了一个行为的标准和模式框架,而"道"作为一种独立于个体的实存性目标,因而表现为一种超验的道德原则。

三 郝大维和安乐哲对芬格莱特的孔子之"道"解析的批判

郝大维和安乐哲认为,孔子的"道"并非具有超验性,人不仅仅是道的继承者和传播者,同时人更是道的创造者。但是,芬格莱特则认为,孔子的"道"是具有超越性的,孔子之道的这种超越性并不是指"道"在本体论意义上是超越的,而强调"道"是超越于既定个体的。所以,"道"是外在于个人的一种人的终极奋斗目标,规定了人类行为的方向,使人成为朝着"道"的目标被塑造的个体。

郝大维和安乐哲对芬格莱特对于孔子之"道"的这种解析,提出了质疑,并指出,芬格莱特关于"道"的这种诠释缩小了"人"的概念的内涵。

首先,郝大维和安乐哲对于芬格莱特关于道的这种解读,使人成为了按照客观标准被塑造和认识的产物,丧失了最具代表性的人的创造性维度。在芬格莱特看来,人生下来就是一块原材料,只有通过某种客观的标准来造就,并通过自身的不懈努力,才能成为真正意义上的"人"。这种客观的标准就是以"礼"的具体规定所显示的"道"的目标。郝大维和安乐哲认为,芬格莱特这种将人的实现化约为某种外在的已有图式,抹杀

[①] [美]赫伯特·芬格莱特:《孔子:即凡而圣》,彭国翔、张华译,江苏人民出版社2002年版,第132页。

了最能够体现人的意义和价值的人的创造性维度。所以,"成人"(成仁)就变成了一个逻辑命题,在这种逻辑关系中人需要满足一些必要的条件,成为预先已经决定了的产品。自我决定变为顺从和模仿,创新是一种过失。人的实现更是一种产业,而非艺术;是复制而非创造。①

其次,郝大维和安乐哲认为,芬格莱特这种关于人的解读,在使丧失了人的创造性维度的同时必然抹杀了人的自主性。因为,在芬格莱特将"道"解读为某种具有超验性的道德原则、所有人的行为目标时,在其中暗含了这样一个命题:即一个人如果能够走上大道,就必须按照礼仪的规范来约束自己的行为。所以,"行道"意味着个体意志的驱除,而使自我顺从于"道"的尊严。同时,人也成为体现道的精神的渠道和媒介。因为,个体意志的选择和方向调整是没有"十字路口"的,他们的根据就是孔子思想中所体现的"单一、确定的秩序"即"道"。所以,在芬格莱特看来,价值和意义的本源并不是人,而体现为"道"。所以,越是成就大的人,在他身上体现的道的精神就越多,而其自主性就越少。因为,君子的目标就是"行道",并在行道的过程中完善自己的人格,使之与道的要求更加接近。所以,当一个人真正成为君子的时候,在他身上所体现的更多的是"道"的精神,而其自主性便淹没在"道"的精神当中。

再次,郝大维和安乐哲认为,灵活多变的态度和方法体现在孔子思想的方方面面,而"道"也具有非常突出的不确定性。但是,芬格莱特却认为道体现为一种单一的、确定的秩序,这并不符合孔子思想。郝大维和安乐哲是在人际关系中来解读孔子思想的,他们认为"道"的多样性和多义性是体现在它与不同时期、不同历史人物和不同文化旨趣之间的关联当中的。而且,作为"道"本身的内在结构,"礼"也并不是不可改变的。"礼"在孔子的时代就已经从单纯的宗教礼仪扩展到了按照礼的模式来构建社会本身。同时,"礼"又是由个体之"义"所展现的,"义"体现了个体及其行为的独特性,正是在个体的独特性当中使礼得到重塑与得宜。所以,郝大维和安乐哲又一次重申了他们自己的观点,即"道"是需要去实现的而非是一种仅仅需要去遵从的超验的道德原则。

芬格莱特将《论语》中的"道"比作一条没有十字路口的大道,认

---

① [美]郝大维、安乐哲:《通过孔子而思》,何金俐译,北京大学出版社2005年版,第291页。

为《论语》中的"道"是一种一元的秩序,是人们所追求的目标。它为人们的行为规定了某种方向,人们行为就是依照体现道的核心精神的"礼"来具体规范的。在这样一种"道"的意义的指引下,芬格莱特认为是道而非人是意义和价值的终极来源。人仅仅是一种需要"礼"来不断塑造的、朝着"道"的目标而不断前行的被塑造物。

郝大维和安乐哲认为,在芬格莱特这样一种"道"的意义当中,不但"道"的多样性和被创造性被忽略了,最重要的是人最具特性的内在性和创造性完全被抹杀在"道"这种一成不变的终极人类追求当中。

笔者认为,芬格莱特将"道"视为是一种超越个体的道德原则是有一定道理的。因为,"道"本身作为人类所追求的终极目标和意义有整体性和超越于既定个体的特性。它体现了最完美的人性,这种人性必然是超乎个体的。但是,将"道"看作是一种单一的、一成不变的秩序,是笔者所不认同的。笔者赞成郝大维和安乐哲的观点,因为"道"的精神在《论语》当中的确是通过具体的"礼"所规范的,但是孔子并没有说"礼"是一成不变的,"礼"也要随着历史的推移而改变,以更适宜当时的人类生活。而且我们也应该注意到,孔子对于同一问题的回答经常是针对不同的人物和不同的语境给予不同的答案。比如,孔子对于"仁"的论述便体现了这种灵活性和切境性。所以,对孔子思想中"义"的概念的准确理解则显得尤为重要。"义者,宜也。"这是"义"的一个基本定义。"礼"的行为根据个体的具体之"义"而具有特殊性和适宜性,所以根据情境来理解"礼"是孔子一贯的原则。孔子对于"攘羊"一事给予的回答一方面说明了礼俗对于人类行为的约束作用,同时也表明了孔子对于语境的关切。

在芬格莱特关于孔子之"道"的论述当中的确很少提及人的创造性,唯在《论语》中的自我问题这篇文章的最后一部分说道:人们不能否定演奏者——那个使音乐概念变成现实的人——具有创造一种比任何概念更加丰富和强烈的现实的责任,从而在某些重要的方面使音乐必然富有个人的特色和魅力——即使这种个人的特色只是服务于那种主导性和普遍性的非个人概念并使之升华。[1] 郝大维和安乐哲认为,芬格莱特所指的这种人

---

[1] [美]赫伯特·芬格莱特:《孔子:即凡而圣》,彭国翔、张华译,江苏人民出版社2002年版,第136页。

的创造性并非是人自主意义上的创造行为，这种行为同样是受到"那种主导性和普遍性的非个人概念"束缚的。但是，在这里，笔者赞成芬格莱特的观点，因为"人"的确是有其自主性和创造性的个体。但是，人的这种自主性和创造性也是相对而言的，因为绝对的自主和自由是不存在的。生活在人类社会当中的每一个人都必然要受到"约束"，而这些"约束"则表现为更为普遍意义上的人类的共同追求，而且人类的自主创造行为也正是为了使"人性"整体更趋完善的一种努力，这种努力需要每一个个体的创新和创造，所以，人的这种创新和创造是服务于芬格莱特所谓的"主导性和普遍性的非个人概念"，即人性的完善；"道"的圆融与实现。

第二节 史华慈的孔子天道观研究

在史华慈看来西方对于宗教的定义大部分是指人与非人化的宇宙（而不只是对于主观状态或者是神圣礼仪）在超自然层面上的关系。[①] 所以他对于孔子天命观的阐释，由孔子的思想中是否具有宗教层面入手，通过其自身对于"超越"与"内在"的理解，阐明了孔子对于鬼神、天、命的态度，表明了孔子对于非人类领域的态度，为我们勾画出一个内在与超越相交错的图景。

一 孔子宇宙论诠释的思想基础

（一）史华慈的"超越"与"内在"观

史华慈对于中国古代思想的兴趣受到雅斯贝尔斯"轴心时代"的观念的影响。在20世纪70年代提出他对于"超越"的看法。他认为，轴心文明的共同特点就是"超越的突破"。人类进入轴心时代，在古代世界的许多高等文明中都出现了有创造力的少数人，他们对历史和现实作出了全面的反思与判断，将他们自身与其所处的文明联系在了一起。他们通过反思与追问，对理想与现实的反差产生了强烈的意识，于是产生了超越现实乃至整个经验世界的种种观念。这种"超越"观念的产生是各个轴心

[①] ［美］史华慈：《古代中国的思想世界》，程钢译、刘东校，江苏人民出版社2004年版，第115页。

文明内部的若干个共同文化导向中所涌现出来的，并不是一种单一的回应，是大家共有的问题性。所以，这一时期产生的"超越"并没有绝对明确的起点。但是，史华慈认为这种"超越"观念的产生在于理想与现实的差距，所以这种"超越"并没有摆脱此生此世的限制。所以他说："轴心时代正是以超越性伦理的反拨为标记的，反拨的正是在这以前若干世纪中宗教把彼岸世界整个地包括在内的做法，但是在大多数情况下，这一反拨并不必然采取极端趋向于彼岸世界的形式。"① 他认为，希伯来的全面的超越只是轴心时代各个文明对于"超越"的一种回应方式，中国对于"超越"的观念则显得更缓和一些。所以，不应该把《论语》中的"天"和《圣经》中的"超越的上帝"绝对化。因为，在《论语》当中我们并不能明确地找到"天"究竟是"人格神"还是"非人格化的秩序"的明确答案。

史华慈认为，在孔子的思想中"天"所规定的"非人格的秩序"曾一度向人们展示过人类社会所应该遵守的标准秩序，但是"完成或实现这一秩序的任务，却移交到那些必须实现它的人们身上。由于人类并没有天生装载实现它的程序，在这种意义上，秩序并不内在于社会之中。"② 由此我们可以看出，史华慈视域中的"内在性"带有强烈的理想性。他强调人的能动性，人的创造性，不单单关注人的思想（thought），更关注"人在思想"（men are thinking），人的思想世界（world of thought）中动态的成分，因为关注动态的思想可以帮人们找到那些并不是由计算机的成分所规定的那些人的动态的方面，包括人的意象、情感等。

（二）"此岸世界"和"宗教"并非截然对立的范畴

由于黑格尔以来，西方世界对于中国文化尤其是儒家思想的"世俗"论断，所以，在西方人的心目中，中国并没有"超越"的观念，因为"超越"在西方人的价值体系中指的是超出有形世界的无形超越者。"宗教"在观念上追求的是"超越"的神话因素。他们认为，中国人重视世俗的伦理，即此岸世界——经验的世界。但是，史华慈认为，"此岸世界"与"宗教"并非是截然对立的。因为，在轴心时代的许多文明（包

---

① ［美］史华慈：《古代中国的思想世界》，程钢译、刘东校，江苏人民出版社2004年版，第116页。
② 同上书，第121—122页。

括古代的美索不达米亚、埃及、雅利安的印度、希腊和当时的中国)的宗教都是"此世的",因为"所有上述文明中的神祇和鬼神都与人此岸世界的关怀紧密地结合在一起,他们体现并支配着自然力和文明……《圣经》中的上帝是超越的,但他启示给摩西的却是极其入世的律法。柏拉图哲学也许有朝向彼岸世界发展的潜力,但其本人在不同程度上仍然献身于他所在的此岸世界的使命……"①

史华慈认为,如果把孔子认定为是"此岸世界"的,没有以"人文主义"来概括孔子的思想更充实。因为孔子希望人们能够专注于伦理性的自我修身并重建和谐的社会秩序。史华慈视域内的"人文主义"是指把一切中心关切放在人世间及人的命运的思想。② 所以,他认为,孔子的最大贡献便在于把关注的焦点集聚在道德精神生活的主观的、内在的层面。这种伦理的内在源头的转向即向内的超越,在史华慈看来孔子的这种伦理思想足以使他和苏格拉底相媲美。

在史华慈的人文主义概念当中涵盖了孔子之"超越"和"内在"的两种倾向。与他认为的"此岸世界"和"宗教"并非是两个截然对立的范畴正相一致,继而也为他论证孔子的"天"既"人格神"也是"非人格的自然秩序",而且双方并非是截然对立的两个概念奠定了思想基础。

(三)"道德的实用主义"对"真理"的观照

实用主义(Pragmatism)是从希腊词 πραγμα(行动)派生出来的。是产生于 19 世纪 70 年代的现代哲学派别,在 20 世纪的美国成为一种主流思潮。实用主义强调现实是可以通过知识来改变的,强调经验的重要性。实用主义者对于观念真实与否的判断标准是观念及其带来的实际效果,实用主义的真理在于思想有成就的活动。实用主义者把道德看作是生物应对环境的一种活动,认为道德的根源在于人的自然本性,道德是个人在应对环境的活动中所产生的主观感觉和主观经验。在实用主义者看来,道德是一种活动,这种活动是带有一定的目的性,同时他们会根据行为目的实现与否来判定行为方式的是非。

史华慈认为,孔子关切人类生活,并且首先关切人类生活的伦理层

---

① [美]史华慈:《古代中国的思想世界》,程钢译、刘东校,江苏人民出版社 2004 年版,第 116 页。
② 林同奇:《他给我们留下了什么——史华慈史学思想初探》,转引自许纪霖、宋宏《史华慈论中国》,新星出版社 2006 年版,第 291 页。

面。作为一位实用主义者,他立志于人类能够通过律己修身达到天人合一的境界。所以在孔子的心目中存在行为的目标,而这种行为目标正是孔子所追求的信念和真理。与其他的实用主义者一样,孔子也是通过他所设定的行为目的来阐明他心目中关于孰是孰非的真理。所以,史华慈说,断言孔子没有讨论过"天道",并不意味着他对于"道"没有任何的信念。

二 对孔子之"天"的诠释

在史华慈看来,在《论语》中"天"这个概念代表了孔子宗教观的核心。林同奇在解读史华慈对于孔子之"天"的论述时指出:"史华慈似乎认为,孔子心目中的'天'有其文化、历史甚至是个人的特点,不宜简单套用指导直到近代西方才流行的'人格的神'与'非人格的自然秩序'这种非此即彼的二元对立模式。首先,他认为,考察孔子的'天'应该从自然秩序和人类社会两个不同层面着手,即当'天'只涉及循环不已的自然(宇宙)秩序时,可以说它是内在于宇宙自然之中的;但是一旦涉及人类社会时,由于人有一种从指导其运行的规范中堕落下来的致命的能力,'天'势必需插手人间事物的进程,因为'天'总是站在人一边的。这时'天'不仅会干预政权的转移,而且还会赋予个别人以特殊的使命,从而表现出'某种有神论的关切'。"[①] 笔者赞同林同奇的观点,在史华慈的观念中孔子的"天"的确是既内在又超越的。

在《论语》中有一段关于"天"的论述:"子曰:'予欲无言!'子贡曰:'子如不言,则小子何述焉?'子曰:'天何言哉!四时行焉,百物生焉;天何言哉?'"(《论语·阳货》)这句话一直是中外学界认为孔子之"天"的论述的焦点。对于这段话的解读在国内有两种主流的观点。一是冯友兰,他认为这里的"天"含有"能言而不言之意",实际上是"无为而治"的意思。后来冯先生又说,孔子对于"天"的看法标志着有神论到无神论的过渡,是"人与自然的关系问题"。二是郭沫若,他认为孔子心目中的"天"只是自然,或自然界中的法理。后来蒙培元又发表了他对于这段话的理解,他认为,"天"既不是能言而不言的意志之"天",也不是完全不能言说的自然界。而是以"行"与"生"为言说的

[①] 林同奇:《他给我们留下了什么——史华慈史学思想初探》,转引自许纪霖、宋宏《史华慈论中国》,新星出版社 2006 年版,第 290 页。

自然界。自然界不仅是生命之源，而且是价值之源，人与自然不是二元对立的，而是生命的统一。确切地说，人与自然之间的对立是有的，但绝不是二元的，其对立是在生命统一体中得到调节的。从生命的目的和过程的意义上来说，事实与价值、存在和意义是统一的，主观与客观是统一的，人与自然是统一的。生命的整体的各种要素是相互联系的，不是孤立存在的；是动态的，不是静态的；其存在是过程，不是实体；其过程是有方向的、目的性的，不是纯粹机械的、因果论的。就人的主体实现而言，则是真与善的统一。就自然界的存在（过程）而言，是事实问题，但其中有价值意味（目的）；就人的存在而言，则是意义与价值的追求，但仍以事实存在为基础。就生命创造而言，"天"是主体；就生命价值的实现而言，人是主体（德性主体）。在生命整体的流行过程中，人与自然共同构成主体。这就是所谓事实与价值何以能够统一的基础。[1]

蒙培元对于孔子之"天"的理解如果放在"超越"与"内在"的哲学范畴中来加以理解的话，他的观点体现了两者的统一。史华慈关于"天"的理解集中体现在他对于《论语》中这段关于"天"的论述之上。他也认为"天"是既内在又超越的。史华慈强调，孔子所说的这句话：子曰："予欲无言！"子贡曰："子如不言，则小子何述焉？"子曰："天何言哉！四时行焉，百物生焉；天何言哉？"这句话的确表明了"天"是和自然秩序联系在一起的，但是这种"非人格的自然秩序"和"人格神"并非是二元对立的，继而对这段话作出了其独具特色的解说。

首先，史华慈认为，这段话与其说是对于"天"的解说，不如说是指向孔子自身的。因为在史华慈看来，这段话是由"予欲无言"引发的，那么"天"仅仅是作为拟人化的形式出现的——"天"是孔子的楷模。孔子宁愿人间秩序像是自然秩序那样有条不紊、生机盎然的运行，自己就可以像"天"那样沉默不语。语言只是在实然与应然出现了差距的时候才表现其自身的领域的。当"道"行于天下的时候，人类社会呈现出和谐美满的状态，孔子自然不必费口舌去纠正违背"道"的言行，只需用自己的行为给人们提供一个道德的典范，正像是"天"给自然秩序提供了一个运行的典范一样。

其次，在这段话中，"天"虽然强调了"非人格的秩序"，但是并非

---

[1] 蒙培元：《蒙培元讲孔子》，北京大学出版社2005年版，第45—47页。

从自然界中排除了价值。史华慈认为，作为内在于规矩、常规和自然的发生过程中的"天"，也具有思想和精神属性。因为在孔子的思想中我们可以看到，就"天"和人类世界的关系而言，"天"似乎对人类的命运显示出了一种"有神论"的关切。所以，史华慈说："'天'支持圣人和君子所作的救世的努力，甚至还深思熟虑地对人类的事物进行干预，尽管在这种事务中，它的行为是高深莫测的。在这一框架中，人们完全有可能相信，在四季过程中的默默地显示自己的同一个'天'也会认识孔子，并且赋予他历史的使命。"①

再次，在与人的这种拟人化的对比当中，从人类的方面而言，在一个"无言"的世界，也并不是由一个常规和习俗所构成的道行于天下的社会就是没有心灵或者是没有精神的世界。孔子说："七十而从心所欲，不逾矩。"并不是说孔子或者礼已经变成了没心灵、没有灵魂的自动化的机器。（这里的观点也是针对芬格莱特对于"礼"是一种行为，一种反复重复的、无生命的常规的否认）。因为，即使是"无言"也并不能表明孔子的不在场。因为孔子会通过自己的生活，通过给他人提供活生生的榜样来显示自己的在场。而且史华慈还认为孔子完全可以和《创世纪》第一章的作者一样说："瞧，它是好的！"

所以，通过以上对史华慈有关孔子之"天"的论述的分析我们可以看出，"天"在一方面是作为非人格化的自然秩序而存在的，但是同时当它把完成或实现社会的规范性秩序移交给那些实现它的人们身上的时候，则显示出他对于人类命运的一种"有神论"的关切。史华慈说，当我们对儒家思想的历史进行简要的回顾与总结的时候，便会发现"天"与"人"的关系一直是儒学的一个主要论题，而且"天人合一"是中国儒家哲学的最高理论框架。所以，即使在中国儒学发展的过程中"天"的有神论的成分被渐渐地"隐藏了"起来，但是作为自然秩序的"天"和作为宇宙意识的天之间的刚性对立从来都没有牢固地竖立起来。

三 对孔子之"命"的阐释

"命"是决定人生祸福贵贱的，带有一种必然性和神秘主义的色彩。

---

① ［美］史华慈：《古代中国的思想世界》，程钢译、刘东校，江苏人民出版社2004年版，第121—122页。

作为一种人力所不能左右的异己力量，命也称作"天命"。中国自古关于命就有如下的阐释："所授于德，富贵贫贱，夭寿苦乐，有宜不宜，谓之天命。"①

在中国，"天命"的观念早在夏、殷时代就已经很流行。在《论语》中说："子罕言利，与命与仁。"（《论语·子罕》）其实，孔子对于命，"天命"有其自身深刻的观点。国内大多数的孔子研究者都认为，孔子的对于"天命"持深深的敬畏的态度。因为孔子说："君子有三畏，畏天命，畏大人，畏圣人之言。"（《论语·季氏》）在孔子看来"天命"的运行是一定的，是人力所不能左右的，但是君子以仁义为己任，在"天命"面前也应该有一种无畏的精神。同时孔子认为应该知"天命"而尽人事。"天命"难违，但是人们在敬畏"天命"的同时也不应当无所作为，而是应当认真、谨慎地行事，在居困境时应有一种坚忍不拔和持之以恒的精神。

史华慈认为，如果要对体现孔子的宗教观的"天"有一个更全面的认识，对于"命"的解读则显得尤为重要。史华慈对于孔子之"命"的诠释也颇富见解。史华慈认为，命的原初的含义是"命令"（command），后来经过延伸，指一种权威与权力的委任令。最终扩展成"天命"中的"命"的含义。史华慈认为，孔子的"命"可以被译成英文的"that which is ordained"，林同奇认为这其中包括了"由'天'的神圣意旨所预定并委命的不可更改的事物"②。史华慈认为孔子的"命"的概念包含了两重含义：第一，"命"指人类生活中不会施加认为控制的方面，即人类不必追求控制的所有方面。第二，"命"的最终指向是人类的生活领域，即人的恰当的使命，或者说是"天"强加于人身上而要人加以忍受的生活任务。所以，皇帝的"命"就是运用其权威来行使他的有效命令，而普通人，如君子的"命"，就是去实现其道德和政治的使命。所以，无论是人类所不能控制的"命"，还是人的使命，都是被注定了的东西。

史华慈正是在其对"命"的这种双重维度的勾画中，为我们解读了孔子所说的"五十而知天命"。他认为，孔子通过五十年的生活经历当

---

① 严遵：《老子指归》，中华书局1994年版，第45页。
② 林同奇：《他给我们留下了什么——史华慈史学思想初探》，转引自许纪霖、宋宏《史华慈论中国》，新星出版社2006年版，第319页。

中，明白了什么是"天"的旨意，是人所不能改变的；什么是人的自主行动所能奏效的东西。比如人的寿夭是天注定的。因为孔子的生不逢时，他认为在他所关心的伦理政治领域已然存在这个方面的宿命。但是孔子不怨命，他认为这是天注定的东西，是内在于"天"的本性当中的，是通过个人的努力也无法改变的。孔子认为，在"命"当中唯一能够体现人的自主能力的领域便在于律己修身，从而为他人树立典范，这是一种通过人的主观努力，个人的坚忍不拔的毅力、持之以恒的精神而影响他人的能力。所以，孔子通过修身而为他人树立的典范，培养了一批弟子。虽然弟子当中也有一些辜负了孔子的期望。但是这在孔子看来是很正常的事情，因为人的真正的自主的领域在于律己修身而影响他人的能力，而不是改变他人的能力。

  孔子清楚地了解，在人的生活当中，很多事情是天注定的，是人为的努力无法改变的，所以他不怨天。即使在"天"变得高深莫测，使人陷入痛苦和焦虑当中的时候，他依然能够为"天"所给予君子身上的道德使命感而感到欣慰。虽然孔子并没有把君子等同于泛神论意义上的"天"，但是君子可以在一定程度上从"天"的角度，从与永恒相联系的普遍万物的角度来对待世事，所以君子将必会有某种如"天"的气象。因为，"天"赋予人类维持社会安定秩序的能力，一旦"天"赋予少数人（君子）那种治理社会秩序的能力，让他们去启动实现这一秩序的过程，社会便会呈现出优良的秩序。每个人都在享受和谐社会环境的同时用自身的行动参与到保持优良社会秩序的过程中来。君子具有高尚的人格和既定的追求目标，他们朝着这一目标而不懈地追求。所以，即使君子在面临挫折与不幸时，他们也能够通过"仁"而获得一种深刻的平静与安宁。

  史华慈对于孔子的天命观的阐释与他的预设论断有深刻的关系。他首先认为，将轴心时期在各大文明当中的人格神与非人格的自然秩序截然分开是西方后笛卡尔的一个特殊的现象。同时他认为在轴心文明时期的各大传统的开拓者们在重视人间伦理的实用主义态度中并不可否定他们心目中没有对于"真理"或超越事物的追求与关切。史华慈还认为，此世的和宗教的并不是两个截然对立的范畴。这些理论预设都为史华慈对于孔子天命观的诠释奠定了深厚的理论前提。

  如果我们将史华慈对孔子天命观的理解用超越和内在的语言来描述的话，我认为史华慈的想法是这样的："天"和"命"在涉及自然秩序的时候是内在的，但是当他们涉及人间秩序的时候，似乎又是超越的。因为，"天"和"命"似乎是与孔子的生命相关的，是与人性相关的。"天"是道德秩序的来源，代表了宇宙的道德秩序。同时，史华慈认为，"天"是拟人化的，"天"赋予人以道德，人按照"天"赋予其的实现道德的能力来规范人间秩序。同时，"命"赋予君子以特殊的使命，是他按照"天"的意志来实现人间秩序的和谐美满。所以，"天"和"命"虽是既内在又超越的，不如说"天"和"命"是内在于人性当中的，内在于孔子的生命当中的。

第三节 郝大维和安乐哲的孔子天道观研究

在西方和中国的思想家之间所不断展开的重要讨论之一是在中国主流的传统中"超越"的观念是否曾经发挥重要的作用。这场辩论当然也涉及在人们解释和翻译中国的典籍时是否可以诉诸超越的观念。郝大维和安乐哲认为超越的观念与对中国古典典籍的解释没有任何关系。

郝大维和安乐哲从界定"超越"的概念入手，进而指出支撑孔子宇宙观的几个基本概念"天"、"天命"和"道"都没有"超越"的意义，所以他们认为在中国儒家传统中没有真正地依靠"超越"作为增强人们精神上的感悟能力的手段，或是作为稳定人们的社会关系的性质的手段。

一 关于"超越"概念的界定

"超越性"和"内在性"是本属于西方哲学的一对范畴，而且郝大维和安乐哲认为，"超越性"在西方的用法很复杂，所以他们首先从广泛的意义和严格的意义上定义了"超越性"的概念。他们认为"超越性"从广义上来说是表示超过、越过或者是某种抽象的、理想的事物。这种意义在中国古典文化中是存在的。同时他们还认为，"超越性"在严格意义上来说是一种原理。如果 A 是这样的"超越性"原理，那么，B 就是在作为原理用来验证的事物。B 的意义或内涵不借助于 A 就不可能获得充分分析和说明，但反之却不成立。① 这个概念，从本体论的意义上来看，即超

---

① ［美］郝大维、安乐哲：《通过孔子而思》，何金俐译，北京大学出版社2005年版，第14页。

越是一个超越人类与自然的存在，具有永恒不变和独立不改的特征，在西方一般用来指称上帝。

郝大维和安乐哲为了将严格意义上的"超越"概念与一些不规范的用法分离开来。他们以"上帝"的超越性为例，作出了阐释。首先，他们指出"超越"与"内在"的对立根源于神学传统。所以，与犹太—基督教相关的对于上帝的认识都使用这一概念。他们认为"上帝"的超越性在于独立于被创造的秩序之外。在这种意义上，上帝的"超越性"否定了上帝对于尘世的干预。所以他们认为，这表明了上帝的一种双向超越，即在上帝的创造性行动之后，尘世与上帝是相互独立的。但是在后来的使用过程中，"超越"指一种非对称的关系，在这样一种关系中，双方的位置不可以对换。在这种关系中上帝超越于世界，反之则不然。基于以上的论述，郝大维和安乐哲得出结论说："超越的意识代表了富有成效的独立性和自足，在按照美学、宗教、科学和哲学上的价值和信念形成西方文化特性的过程中，这种超越意识一直发挥最大的影响。"①

二 关于孔子内在宇宙论的基本假设

郝大维和安乐哲认为，将西方"超越"的观念应用于中国古代典籍的翻译，是造成西方严重地扭曲中国儒家思想的一个根源。而且，这种严重的扭曲不单单在西方学者中流行甚广，而且现代新儒家也用"超越性"的概念来诠释儒家的思想。在郝大维和安乐哲看来，这种将"超越性"的概念诉诸孔子思想的解释主要是出于对西方严格意义上的"超越"概念的理解偏差，如果要解决由这种理解带来的错误解读，关键的一点在于阐明孔子的"内在宇宙论"的基本内涵。

首先，内在宇宙论的一个基本内涵就是作为孔子思想基础的现象本体论。在郝大维和安乐哲看来，"全面恰当地阐释孔子思想需要一种内在性语言，该语言的生成基于这样一种推论，即种种法律、原理或规范都植根于其所行使的人类和社会环境中。儒家理解人类现象不需要借助'质料'、'属性'或'特性'。因此，儒家不考虑抽象美德的实质，他们更关

---

① ［美］郝大维、安乐哲：《汉哲学思维的文化探源》，施忠连译，江苏人民出版社1999年版，第195页。

注对特定语境中个体行为的诠释"①。所以，儒学表征为一种现象本体论，而非实体本体论。所以，儒家以现象表述个体，行动者既是其行动的原因又是其结果。

其次，内在宇宙论体现为内在的宇宙秩序。郝大维和安乐哲认为，对于秩序的理解可以分为两种。一种是体现西方超越性的理性秩序或逻辑秩序，因为这种秩序需要在相关性的先在模式的既定状态中获得。一种是审美秩序，这种秩序成就于新模式的创造中。"逻辑秩序涉及终结行为；审美秩序则立基于揭示和打开。逻辑秩序可能源自上帝意愿、自然的超验法则或特定社会的实际法规，或者人良知中的绝对诫命等等原理的强加或证明。审美秩序则是作用于特定语境的某一独特角度、要素或现象与该语境互相界定的结果。"② 他们认为，孔子的思想秩序并不是基于某种先在的给定模式，因为孔子的秩序是实现的，而非证明的。

最后，孔子的内在宇宙论体现出孔子的创造性。郝大维和安乐哲认为，基于西方哲学传统的"创造性"受到犹太—基督教"从虚无中产生"观念的影响，"创造性"被理解为对某种超验的创造行为的模仿，而在孔子的思想中，"创造行为最初就存在于自然世界之中，而且取决于其对特定环境秩序所起的作用。它绝不以任何超越现实世界之外的意义终结的创造行为为范型"③。

三　关于孔子之"天"的诠释

郝大维和安乐哲根据他们对孔子内在宇宙论的基本假定，继而区分了理性秩序和审美秩序，同时他们得出结论，孔子的宇宙论不仅仅是内在的，同时也是审美的。"天"作为构成孔子审美宇宙论的主导概念之一，是构成中国精神的核心概念。他们认为孔子思想中的"天"具有宗教性，但是并不存在超越性。所以，在西方的学者将孔子思想中的"天"翻译成"Heaven"的时候，他们已经将"天"赋予了"超越性"的内涵。哲学翻译家对概念的本意和概念间的逻辑关系的准确把握，以及翻译对于保持思想的原本面貌起到了至关重要的作用。然而，同时由于西方语言具有

---

① ［美］郝大维、安乐哲：《通过孔子而思》，何金俐译，北京大学出版社2005年版，第16页。
② 同上书，第17页。
③ 同上。

迥然不同于中国世界观的基本假定,所以显示出强烈的倾向性,比如将超越性赋予"天"的概念。

郝大维和安乐哲提出,对于孔子思想的解读要根据"情境",根据中国社会特定的环境秩序来考察,审美宇宙论作为孔子思想的主要成分,在西方以理性思维占主导地位的传统中很难被人们所接受。同时在理性思维框架内给予孔子思想的概念的诠释是造成中国传统在西方显得模糊不清的根本原因。所以,在对孔子之"天"的讨论之初,他们就结合中国的审美秩序和孔子思想发生的具体历史情境对于对"天"的概念在中国的历史演进过程作了一番梳理。

(一)"天"的历史演进及孔子之"天"的基本内涵

关于"天"字的词源,在西方引起了许多的思考与讨论。郝大维和安乐哲根据《说文解字》中对"天"的解释,指出,"天"在词源上与"颠"有密切的关系,"颠"指头顶,所以引申为"至高无上"的意义。同时,在《说文解字》中还提到"天"字的下面是一个"大"字就是一个站立的人,上面的一横是指头顶,所以,"天"的含义就是人的头顶上有一片天。根据这种词源学的解读,人们将"天"解读为"拟人化的神"和"非人格的自然力量"。

郝大维和安乐哲基于以上对"天"的两种解读梳理了从商朝到孔子所生活的年代对于"天"的认识,将孔子思想中的"天"还原到其所发生的具体的情境。首先,他们认为,根据现存的历史资料,在商代,"天"并不被认为是"神",那时的宗教仪式主要集中在与祖先崇拜密切相关的概念之上。"帝"被赋予拟人的个体神的形象,他与君主一样统领人类和自然世界。同时,已故的君主也被称之为"帝",所以,在这一时期神的世界与人类有着同样的结构,同时神的世界是人类世界的一种延伸。到了周朝,"天"有了宗教的意义。在这一时期,"天"和"上帝"在《尚书》和《诗经》中经常互换使用,而且在文献中也被描述为可以对人类实施奖惩的人类统治者。到了孔子所生活的年代,"天"作为人格化的神的倾向则越来越明显。

根据"天"的词源的几种说法和"天"的概念从商代到孔子所生活的年代的历史演进,郝大维和安乐哲认为,在中国"天"有两方面的"角色"。首先,"天"是作为非人格的自然力量而存在的,同时它又渐渐地演变成了"拟人化的神"的形象。《论语》中一段对于"天"的论述:

"天何言哉！四时行焉，百物生焉；天何言哉?"（《论语·阳货》）表明"天"是作为一种非人格的自然力量而存在的，是万事万物生生不息的根源。同时，他们还认为，《论语》中的"天"毫无疑问具有拟人性，在《论语》当中孔子认为"天"可以随意地干涉人类的事物，尽管孔子强调人自身努力在取得成功方面的重要作用。郝大维和安乐哲认为在《论语》中"天"还被描述为圣人的创造者、社会地位和财富的决定因素。① 所以，"天"无疑具有拟人的特征。

在这样一种分析和解读的过程中，我们看到郝大维和安乐哲并不否认《论语》中"天"的拟人性和非人格的自然力量的论断。但是，他们提出，关于"天"这一概念的范畴和结构的解读不在于"天"是否是"拟人化的神"，而在于理解中国的"天"的概念与西方的"deity（神，上帝）"概念之间的基本差异，而他们的根本区别在于"天"并不像"deity（神，上帝）"那样具有绝对的超越性。

（二）"天"与"Heaven"

1. 汉英词典和汉语词典中"天"的含义解析

郝大维和安乐哲借助葛瑞汉对于"天"的概念在汉英词典的翻译标准和汉语词典对于"天"的解释的对比，提出关于"天"的超越观念在汉语词典中是不存在的。葛瑞汉说，汉英词典对于"天"的标准翻译有：（1）物质的天体、太空、天空；（2）天气；（3）一日；（4）天国、天命、上帝、[拟人化的]大自然；（5）丈夫；（6）必不可少的。而在汉语词典中对于"天"的含义的解释含有如下的方面：（1）天空；（2）气；（3）天的运动和天象；（4）太阳；（5）神；（6）自然界、自然的；（7）君；（8）父亲；（9）必不可少的；（10）一段时间；（11）一日；（12）阳；（13）一个人的命运；（14）一个人的自然倾向和天性、身；（15）巨大、伟大。②

通过以上来自汉英和汉语字典对于"天"的解析，郝大维和安乐哲认为，它们之间明显的区别在于，在汉语词典中"天"明显地缺少"天国、天命、上帝、[拟人化的]大自然"（Heaven, Providence, God, Nature）的含义。而这些含义都与西方的超越的神相关。在西方人们诉诸神

---

① [美]郝大维、安乐哲：《通过孔子而思》，何金俐译，北京大学出版社2005年版，第254页。
② [美]郝大维、安乐哲：《汉哲学思维的文化探源》，施忠连译，江苏人民出版社1999年版，第242页。

以超越的二元论,而他们认为,二元论与中国文化没有任何的关系,所以"天"在中国并不包含与"超越的神"相关的含义。

2. 将"天"翻译成"Heaven"的时候所隐去的丰富内涵

郝大维和安乐哲认为在将"天"翻译成"Heaven"的时候不仅仅将西方的二元论、超验观念强加给"天",同时,在这种翻译中也隐去了许多在中国文化传统中"天"的丰富内涵,他们在以下六个方面展开论述。

第一,从"天"与天空的关系来看,暂存性和历史性(Historicity)与"天"的观念相伴随。按照西方的观念,如果以"天"和"天空"为一方,那么,二元的另外一方就是富有超越性的"天国"(Heaven)与"天"(the heavens)。自西方的观念看来,从这两方面来寻找"天"与天空的联系是不可能的。而在中国"天"与"天空"是被看作与无处不在的变化过程联系在一起的,经常被理解为"天地"或者是"自生自长的世界。犹太教——基督教的上帝经常转喻为"天国"(Heaven),这样的上帝创造世界,而古典时期的中国人的"天"就是世界。①

第二,既然"天"是有显现的,有天象的天空,继而被定义为"日"、"天气"。"天"在这种含义上便是指万物生长于其中的自然界,而非是某种在本体论意义上独立的秩序。同时,郝大维和安乐哲指出,"天"作为"日"、"天气"的解释中,体现了"天"的概念的人文方面。因为"天文"与人类的创造活动是不可分离的,在这样的定义当中,他们得出结论说在中国文化中自然界与人类文化是密不可分的。

第三,"天"是由维持发展的文化所产生的、聚集的精神性,"天"具有拟人性。根据汉语字典中将"天"定义为"气"的词条,郝大维和安乐哲指出,在将"气"当作一切范畴的传统当中,物理变化与生命之间没有截然的界限,所以,万事万物处于不断地运动、变化当中。在中国人的观念中,世界是充满活力的,运动变化在有生命与无生命、有知觉与无知觉、有活力与无活力的事物之间不断地进行,所以,整个世界中的事物是没有最终的界限的。在这样的世界中精神性与生命是相伴随的,精神性与生命一样遍及一切事物。在这样一种意义当中,人的精神性决定了他们在层级系统中的身份,精神性伴随着个人修养而被逐渐地扩展,逐渐发

---

① [美]郝大维、安乐哲:《汉哲学思维的文化探源》,施忠连译,江苏人民出版社1999年版,第249页。

展为一种包容他者、影响他者的力量。

"神"在中国文化传统中与人的关系是不可分割的。上文已经提到，在最初的祭祀仪式中，所祭的神是祖先，在这种意义上，"神"是作为"人的延伸"而存在的，它代表了人的精神性。而"天"作为自然界与人类文化的综合，则体现了中国特定传统中的聚集的精神性。"天"的这种精神性，也赋予了"天"以创造性。在世界当中，总会有受命于"天"的特殊的人来充当使者完成"天"的使命。孔子认为他自己并不是生而知之的圣人，但是他认为自己有一种使命，这种使命并不是"天"的命令，也不仅仅是人间之道，而是天人合一的境界。同时，我们还可以认为，"天"的精神性正是由孔子这样的人的人格而确定的，"天"本身由于孔子一类在中国文化中起过重要作用的人的人格而变得确定。是人间的杰出人物规定了"天"。所以，天人合一的观念并不仅仅意指神是有人形的，同时是一种拟神论，即富有典范人格的人具有神性。

第四，"天"既是世界呈现的样子，又是世界何以如此的原因。在西方上帝造物的观念中，世界是由上帝创造的。但是在中国的文化传统中，"天"并非是万物的创造者，而且世界的秩序也并不是由独立于世界的"天"来安排的。所以，万事万物和世界秩序是"天"的组成部分。"天"既是世界的创造者，又被整个世界创造。所以，从这个角度来理解的"天"也并不存在超越性。

第五，"天"是自然，但并不是本体论意义上的宇宙起源范畴。在《论语》中作为自然之"天"出现的章句：子曰："大哉尧之为君也！巍巍乎！唯天为大，唯尧则之。"（《论语·泰伯》）；子贡曰："君子一言以为知，一言以为不知，言不可不慎也！夫子之不可及也，犹天之不可阶而升也。"（《论语·子张》）表明"天"具有宇宙空间的意义，既高且大。

第六，针对《论语》中以下这样一段对"天"的描述：子曰："天何言哉！四时行焉，百物生焉；天何言哉？"（《论语·阳货》）郝大维和安乐哲指出，"天"虽然并没有说话，但是，并不代表"天"与人类世界之间没有交流。他们认为，"天"与人之间的交流是随着人的世界的自然条件的灾变而进行的。他们在对《论语》的研究过程中强调关联性对于儒家思想解读的重要性。因为在他们看来，儒家思想是在特定的关系情境中发展起来的。而且"相互关联性和相互依赖性规定了儒家世界的秩序，那么影响一个人的东西也影响着所有的人。人类世界中秩序的败坏，将自然而然地反应于自然环境之上。虽然'天'不像犹太教——基督教世界观中的人格神那样能对个人的要求作出反应，但是作为先人的总和，公平地对待它的后代，使各个层次出现和谐的可能达到最大的程度。"①

通过以上六点的陈述与论证，郝大维和安乐哲旨在证明：作为中国人精神核心的"天"的概念是与"超越性"毫无关联的。即使中国儒家思想具有宗教性，也与超越的观念没有任何关系。所以，超越性也并不是宗教性的代名词。孔子关于"天"的论述正体现了脱离超越性的儒家宗教性。

四 关于孔子之"道"的诠释

"道"是中国传统哲学观念体系中的核心概念。在《老子》的哲学体系中，"道"作为最高的存在，化育人与自然万物。人作为有能动性的生物，总是希望能够体认这种本源之道，所以人不停地在寻找突破自我。《论语》中"道"大约出现了100次，是诠释孔子思想的一个核心范畴。《论语》原文中比较有代表性的对"道"的认识有三种。第一，道体现为"忠恕"。《论语》中：子曰："参乎！吾道一以贯之。"曾子曰："唯。"子出。门人问曰："何谓也？"曾子曰："夫子之道，忠恕而已矣。"（《论语·里仁篇》）所以，在曾子看来孔子之道是忠恕。第二，孔子之道便是"仁"。根据《论语》中有子的话我们可以看出，在有子看来，"仁"是孔子之"道"，有子曰："其为人也孝弟，而好犯上者，鲜矣；不好犯上而好作乱者，未之有也。君子务本，本立而道生。孝弟也者，其为仁之本与"（《论语·学而篇》）。这是说，一个人在家族范围内能够做到孝悌，在处理其所处的其他社会关系时便能够做到不"犯上"；在社会中不"犯上"的人，在政治领域就不会"作乱"。从孝悌出发，有子推出不"犯上"、不"作乱"的结果，而不"犯上"、不"作乱"，既是仁者之德，同时也是统治者施行德治所追求的目标。所以，有子得出"本立而道生"、孝悌乃"仁之本"的结论。由于有子所说的"本"是孝悌，而孝悌又具体为"仁之本"，因此，有子"本立而道生"中的"本"指孝悌，"道"则指"仁"。这里，有子是明确把孔子之道理解为"仁"。第三，

---

① [美]郝大维、安乐哲：《汉哲学思维的文化探源》，施忠连译，江苏人民出版社1999年版，第251页。

孔子之道是"文章"、"性"与"天道"。《论语·公冶长篇》子贡论说孔子思想的言论："夫子之文章，可得而闻也；夫子之言性与天道，不可得而闻也。"子贡上述言论透露出孔子思想包括"文章"、"性"和"天道"三个部分，这三个部分也可理解为子贡认为孔子之道、孔子思想的核心就是"文章"、"性"和"天道"。但是关于以上三人的言论，孔子都没有给予当面的认可，所以关于孔子之道究竟是什么，成为学者研究和讨论的焦点。

郝大维和安乐哲认为，孔子思想中的"道"并不是某种超越原则的秩序。在他们的论证中强调孔子"道"的概念中特定的人的核心与创造性角色。实现"道"就是去检验、诠释和影响这个世界，强化并拓展文化先驱所建立的生活方式，而这种生活方式为后代提供某种交通图和方向。因此，对孔子来说，"道"在根本上就是"人道"。[①]

（一）"道"的字形解析

"道"从字形上来看，是由两部分组成的。一部分是"辵"，用来表示"to pass over"，"to go over"，"to lead through"；另外一部分是"首"，用来表示"head, foremost"。所以，郝大维和安乐哲认为，"道"是个会意字，应被用作动词来解释。而且，在汉语中多数以"辵"为部首的字都被用作动词。

"道"在《尚书》中，经常被用来指开通渠道，以引导河流，防止河水泛滥。"首"，也具有"引导"的意思。所以，郝大维和安乐哲指出，如果将动词的"道"作为其基本含义，其引申的含义即可理解为：导向；路；方式；方法；技艺；教导解释；讲述。"道"在最根本的意义上，似乎意味着主动筹划，以"开创新路"，进而通过意义扩展逐渐表示"筑好的（路）"，因而可行于其上。[②]

（二）"道"存在于人的世界

1. 人是"道"的继承者和传播者

在很多学者看来，"道"是高于人、国家和孔子思想体系中的任何一个概念的，"道"是指导和衡量它们的准则，具有至高无上的地位，遵

---

① ［美］安乐哲：《自我的圆成：中西互镜下的古典儒学与道家》，彭国祥译，河北人民出版社 2006 年版，第 2 页。

② ［美］郝大维、安乐哲：《通过孔子而思》，何金俐译，北京大学出版社 2005 年版，第 279 页。

"道"而行才是人们应该达到的目标,应该遵循的原则。"道"是整个天下邦国、君子仕者、黎民百姓应该遵守的准则,"道"是"学"、"从仕"、"处事交际"、"处贫达富"遵守的准则;"道"是"德"、"仁"、"义"、"礼"的最终目的,它们都是"道之行"的表现。

但是,郝大维和安乐哲对这一观点提出了质疑,他们依然站在儒家思想中并不存在基督教那种绝对的"超越"的立场上来批判将孔子之"道"界定为超越人类世界之外的独立存在的秩序,而鲜明地指出,对于孔子之"道"的理解应该限定于人的世界。

首先,他们认为,孔子的"道"是从前代继承的遗产。在《论语·子张》中有这样一段话,子贡曰:"文武之道,未坠于地,在人。贤者识其大者,不贤者识其小者。莫不有文武之道焉。夫子焉不学?而亦何常师之有?"他们将这段话翻译成:"The tao of Wen and Wu has not fallen to the ground——it exists in people. Those of superior quality has grasped its essentials, while the inferior have grasped a bit of it. Everyone has something of Wen and Wu's tao in him. Who then does the Master not learn from? Again, how could there be a single constant teacher for him?"在这段话中体现他们的中心思想在于,他们对"文武之道,未坠于地,在人"和"莫不有文武之道焉"的翻译。杨伯峻对以上两句话的翻译为"周文王、武王之道并没有失传,散在人间"与"没有地方没有文王、武王之道"比较这两段的中英文翻译我们可以看出,中文翻译中,强调文王、武王之道充斥于整个人类社会当中,并没有强调其被个人所内化。而英语翻译中的"in people"和"Everyone has something of Wen and Wu's tao in him"则明显地显示出郝大维和安乐哲在强调,文王、武王之道在每个人的心中,是人们对于文武之道的继承。

其次,"道"体现于个体独特的和相互不同的对"道"的接受和体现之和。郝大维和安乐哲强调,"道"存于人,但是"每个人都是以绝无仅有和在质的意义上不同的方式接受和体现'道'的"[①]。在《论语》中的"道"有时是代表性的历史人物,比如,有子曰:"礼之用,和为贵。先王之道,斯为美;小大由之。有所不行,知和而和,不以礼节之,亦不可

---

① [美]郝大维、安乐哲:《通过孔子而思》,何金俐译,北京大学出版社2005年版,第280页。

行也。"(《论语·学而》)有时"道"又与"三代"和"上古"这样的历史时期联系在一起。因为，孔子坚信"道"在他所生活的时代之前曾经出现过，而且他志在恢复上古之道。同时孔子还认为，体现在君子、圣人身上的品质正是人类某种特定的优秀品质的真正象征，所以，孔子在很多时候将"道"界定为某些特定的历史人物及人类成就的最高典范。

但是，孔子并不认为"道"存在于一个超越的世界当中，他同时坚信"道"就在当前，体现在与他生活在一起的同代人身上，还包括孔子本人的身上。比如在《论语》中有这样的论述：子曰："君子食无求饱，居无求安，敏于事而慎于言，就有道而正焉，可谓好学也已。"(《论语·学而》)子曰："父在，观其志；父没，观其行；三年无改于父之道，可谓孝矣。"(《论语·学而》)子曰："三年无改于父之道，可谓孝矣。"(《论语·里仁》)子曰："参乎！吾道一以贯之。"曾子曰："唯。"子出。门人问曰："何谓也？"曾子曰："夫子之道，忠恕而已矣。"(《论语·里仁》)

所以，在这个意义上来讲，"道"是多样性的。"道"体现于每个人的身上，它是从先辈那里继承而来的，而在每个人的身上都有不同的体现。但是在《论语》中个体所体现的不同的"道"并不是完全不同的道，而是根据不同人物的不同关注点和涵容性的不同程度获得的不同性质的视角。每一个历史时期，每一位重要的文化人物，都由其特定的环境所决定，以不同的方式体现着"道"，所以，"道"体现了人类生活世界的方方面面，即"人道"的体现。

2. 人是"道"的创造者

郝大维和安乐哲认为，在《论语》中使用的道的比喻特征，揭示了其两方面的性质，人不仅是"道"的继承者和传播者，同时人还是"道"的终极创造者。

首先，"义"是"道"的最初根源。求道之人在对人类既往的经验获得体现为对道的继承和传播，同时人们从先辈那里继承而来的"道"也在君子产生意义和价值的行为中获得传承和进一步的拓展。这个传承和拓展的过程正是君子行"义"的过程。因为，在"道"之不行的世界中，君子的使命便是通过其个人的能力，赋予世界以意义，以保证"道"的继续实行。所以，人们对于先人之"道"的继承也仅仅是一个出发点而已，先人之道只是一个方向。因为，先人之"道"是由当时的历史环境所决定的，适应于人类各个领域发展的人类经验。但是当人类文明继续前行时，人类的经验也需要不断地更新，也需要根据具体的历史环境，由人的具体行动来创造和哺育。所以，郝大维和安乐哲说，过去的经验是创造性获得己之道的预备阶段，"道"是一个出发点，是一个确立方向的指示灯，而不是一个终极的目的地。所以，道绝非是仅仅依靠继承先人的经验便可以得到的，"道"富有创造性的维度。人类对"道"的发扬和弘扬富有一种主动创造的责任。这样，"道"就是历史地综合积累而成的，而人打开他是为有价值的领域："人能弘道，非道弘人。"①

其次，"道"与"仁"紧密相连。"仁"的获得在郝大维和安乐哲看来是一个整体性的过程，"仁"是人性转化，不仅仅意指"仁"是已获得的"仁"的品格，同时还强调，共同语境下人际交往对于获得"仁"的品格的重要作用。"仁"在最终意义上是指人的实现过程。所以，"仁"指称的是世界中每个人的独特的境遇与他人的境遇之间的动态过程。在这一过程中，个体既被他人限定同时又限定自我。所以，"仁"就是一个"造就人"的过程。"道"是由一个发展的人（形成之中的人性）和一个变化世界之间的交流所决定的生死大道。"道"在根本上来源于个体成人的努力，所以它包含组织和构建人类经验历史过程的方方面面。"道"是一个造就世界的过程，在各种不同文化兴趣域中，由全部人类成就的根本和谐所统一的一个成就世界的过程。② 所以，在终极意义上，人行道最终是来自于自己的努力，所有人的成人（仁）的过程都是在继承"道"的基础上，对"道"的创造性诠释过程。

（三）"道"是各种文化矢量的聚结

郝大维和安乐哲合作的基础是文化哲学。文化哲学不同于传统意义上的系统哲学，以认识论为中心，对于问题有一贯的价值标准。文化哲学特别关注现实生活中表现出来的思想观念。他们认为"道"是人们在行动中对于传承之"道"的一种创新活动。"道"是与人类经验不可分割的。所以，他们认为"道"是由连续不断的视角整合并带入可理解性之中的

---

① ［美］郝大维、安乐哲：《通过孔子而思》，何金俐译，北京大学出版社2005年版，第281页。

② 同上书，第281页。

文化之流的汇集。"道"是人类文明绵延不断的过程，是一代又一代的人们勘察和铺垫出的人类经验的一种诠释。[①]

郝大维和安乐哲认为，就以"道"诠释文化兴趣每一领域的价值所在来说，它是多方面的，有"师之道"、"射之道"、"为臣之道"和"天道"，但是，每一历史阶段的每一重要文化人物都不仅以其独特方式取"义"于其独特的社会环境而体现了"道"，而且还以前无古人的贡献，使"道"之源动力趋入一个新的进程。所以，尽管道的具体化总体现为某种独特视角，但历史人物与其具体时代的绝对区分却消泯在"道"融合汇通的扩展中。"道"的统一是由这样一个事实表达的，即每一当下视角都是所有过去现象的作用，也是所有未来可能性的基础。过去不仅会投射到现在和未来，而且从现在看来，过去本身亦是受到了不断的修正和重铸。因此，孔子既更新了中国文明当下的文化成果，其本人也被人类经验随后的视角及其不断转换的价值观所重塑。[②]

郝大维和安乐哲对于孔子宇宙观讨论的缘由是现代关于儒学宗教性问题的讨论。在关于儒学宗教性的讨论当中，存在着以下几种阐释：一种认为儒学是世俗的人文主义，不具有宗教性；一种认为儒学具有宗教性，而且儒家的"天"相当于基督教中的上帝；一种认为，儒学具有宗教性，但是它具有与基督教不同的宗教性。郝大维和安乐哲对于孔子思想当中宗教性的解读不同于以上三种，他们将超越性的观念与宗教性的概念严格分开，而立志于用儒学中特有的观念来解释孔子思想当中的宗教性，即脱离超越性的问题来讨论儒学的宗教性。

郝大维和安乐哲由他们所界定的"超越性"的概念入手，认为从严格意义上的"超越性"来看，中国古典文化并没有超越的观念。所以，作为孔子宇宙论核心之一的"天"、"道"并不具有超越性。进而他们进一步指出，现象本体论是孔子内在宇宙论的一个重要含义，孔子思想的秩序体现为审美的而非理性的，"审美"秩序关注情境，同时关注特定社会环境对于创造行为的规定性。孔子思想中的这些因素，决定了在其思想中并没有西方严格意义上的超越性。

[①] [美]郝大维、安乐哲：《通过孔子而思》，何金俐译，北京大学出版社2005年版，第284页。

[②] 同上书，第284—285页。

依据孔子非超越性宇宙论的论断，郝大维和安乐哲在比较了汉语和汉英字典中关于"天"的概念的界定，认为在"天"这样一个体现孔子宇宙观核心的概念中，中国的解释中并不含有"天国、天命、上帝、［拟人化的］大自然"（Heaven, Providence, God, Nature）的含义，所以，在将"天"翻译成"Heaven"的同时，隐去了许多在中国文化语境中特殊的含义。"天"是作为自然的力量和拟人化的神而同时出现的。拟人化的神体现了"天"赋予人以特殊的使命，而人格的典范规定了"天"。而"天"与人是相通的，体现了儒学"天人合一"的最高境界。

同时，他们认为孔子宇宙观的另外一个概念"道"也是与"超验"的概念没有任何关联的。"道"就其作为人类行为的结果来说是自然发生的，它是作为文化传统积淀的"成人"的模式。所以，郝大维和安乐哲认为孔子的"道"即"人道"。他们强调在"道"的概念中人的核心创造作用，他们认为个体的"道"是以个人特定的人类方式来关注世界。道是存在于人类世界当中的，人不仅仅是道的继承者和传播者，人更是道的创造者。"道"必须在世世代代人们对于其创造性地改造以适应当时的生活环境的过程中才能够体现其稳定的持续性。所以，在他们看来，我们继承的道仅仅给我们提供了一个创造的基础，在人类经验不断更新的过程中，受到历史环境的制约，人们不停地哺育和创造着道。所以，"道"并非是独立地存在于人类社会之外的人们必须遵守的某种秩序，反之恰恰体现了人的生活的方方面面，即"人道"。

本章小结

西方对于孔子天道观的研究起源于一个古老的话题，即中国的儒学与宗教的关系。而有关儒学与宗教之间关系的讨论几种在产生于西方的两个对立的概念范畴——超越性与内在性。在儒学与西方的基督教相遇之初，西方人对中国儒学的一个普遍观点就是儒学不具有超越性，是一种世俗的宗教。

虽然儒学不具有宗教性的这一论断对于西方人的影响很深，但是当代新儒家对这个古老的话题给予了新的答案。他们认为，内在性与超越性并非是两个相对立的概念，因为中国人认为人的超越性的依据即在人的内在性之中。近些年来，西方汉学家和哲学工作者对儒学的宗教、伦理和精神向度的研究也越来越深入。在儒学是否具有超越性和宗教性方面的研究出现了一个新的势态。他们对于儒学是否具有超越性的问题各持己见。

史华慈首先对"超越"与"内在"提出了自己的看法。他结合雅斯贝尔斯提出的"轴心时代"的理论，将超越产生的根源归结于理想与现实之间的差别，所以，他指出，即使是西方的超越观念也并非完全摆脱了此生此世，而是来源于此生此世。史华慈认为"天"是孔子宗教观的核心概念，孔子并没有严格地界定"天"是"人格神"还是"非人格的自然秩序"。史华慈认为，将"天"定义为"人格神"或"非人格的自然秩序"本身就体现了西方非此即彼的二元对立模式，而解读孔子的思想中"天"不应采取这种方式。在他看来，孔子的"天"是既超越又内在的。史华慈认为孔子的"命"的概念包含了两重含义：第一，"命"指人类生活中不会施加认为控制的方面，即人类不必追求控制的所有方面。第二，"命"的最终指向是人类的生活领域，即人的恰当的使命，或者说是"天"强加于人身上而要人加以忍受的生活任务。所以，无论是人类所不能控制的"命"，还是人的使命，都是被注定了的东西。

郝大维和安乐哲也从界定"超越"的概念入手，他们认为西方宗教中的"上帝"的超越性在于独立于被创造的秩序之外。上帝的"超越性"否定了上帝对于尘世的干预。上帝具有一种双向超越，即在上帝的创造性行动之后，尘世与上帝是相互独立的。所以，他们否认中国儒家具有超越性的观念。他们首先将孔子的宇宙论界定为内在的、审美的宇宙论，并在此基础上解析构成孔子审美宇宙论的几个主导概念："天"、"天命"、"道"。他们认为孔子思想中的"天"具有宗教性，但是并不存在超越性，同时"天命"、"道"也都没有超越的意义。所以，在中国儒家传统中没有真正地依靠超越作为增强人们精神上的感悟能力的手段，或是作为稳定人们的社会关系的性质的手段。

芬格莱特对于孔子天道观的理解主要集中在他对《论语》中"道"的概念的理解。他认为《论语》中的"道"代表的是一种一元的、稳定的秩序，虽然他认为"道"在某种意义上具有超验性，但是这种超越并不是指超越于尘世，而是指超越于既定的个体。芬格莱特认为"道"的意义是独立于执行它的条件性个体而独立存在的，是某种具有超验性的道德原则。

通过史华慈、郝大维和安乐哲、芬格莱特关于孔子天道观的论述，我们看到目前西方对于儒学宗教性问题的讨论已经向纵深发展。他们已经跳出了用西方的模式来定义中国传统文化，尤其是孔子思想的框架。他们能够在系统分析孔子思想的基本框架后，在孔子思想自身的框架中，以客观的态度来解读孔子的思想，基本跳出了"西方中心主义"的困扰，跳出了西方文化具有普世性的论断。

　　对于儒学是否具有宗教性的问题不单单是西方学者讨论的一个中心话题，它同样引起了国内儒学研究者的关注。因此在整个世界范围内形成了热烈对话的势态，这不仅仅是儒学发展的一个新的契机，与此同时更说明了儒学中存在恒久的、适于人类发展的、活的元素。因此，儒学必将在世界范围内的讨论中继续前行。

第六章 《论语》中的"自我"问题研究

"自我"是哲学的最终基点,也是哲学之谜。认识"自我"是哲学探究的最高目标,对人的"自我"反思与体认始终贯穿于人类思想的发展过程。哲学认识的不断深化过程,也是人类对"自我"反思不断提高的过程。西方的哲学传统中,习惯于通过客观世界来反观自己的二元思维路线,反展出"自我"的概念。人从"自我"出发去认识自然和改造自然,进而确立"自我"在自然界中的地位,所以,西方哲学的基本思维方式便是人与自然相分离的二元思维模式。

西方哲学当中对"自我"的认识在很大程度上是受宇宙起源动因论的影响,认为秩序源于混沌。原始宗教起源于人对自然力的崇拜,那时人的意识与自然处于一种混沌的状态。而苏格拉底对宗教的恢复则建立在崇拜人的基础之上,使人意识到了"自我"主体与"自然"客体之间的对立,将人类探索的方向从混沌的灵魂转向唯一的灵魂也即人的灵魂。在古希腊时期,并没有明确的"自我"概念。自从苏格拉底提出"认识你自己"以来,把哲学由人类外在转向了人类自身。而西方哲学的"自我"概念也被看作是围绕这句话而展开的。但是古希腊时期关于"自我"问题的讨论并不是人类的一种自觉的行为,因为它是人们在认识自然的过程中而逐渐意识到的。在中世纪,上帝在哲学中占据了主导地位,包括人在内的一切都是上帝的派生物,上帝便是人与所有其他世界存在的依据。所以对"自我"认识成为了认识上帝的唯一可靠道路。总而言之,自古希腊时期到中世纪西方哲学中关于"自我"的认识都是相对于人周围的世界来定义的。

这种相对于外在的秩序而存在的"自我",由笛卡尔以"我思—我在"的演绎而返回到人本身。自笛卡尔以来,近代哲学出现了认识论的转向,确立了人作为主体的独立地位。"自我"是反思形态,是绝对的主体。所以"理性自我"成为笛卡尔哲学的基础。康德继承了笛卡尔"理性自我"的观念,并把"自我"看成是纯粹理性的存在,所以,康德确立了人的理性的主体性。而他认为"自我"既是实体又是主体的绝对精神。黑格尔对"自我"的理解侧重从自我意识的角度入手,并赋予"自我"以经验的成分。他认为,人作为自身而存在,只有被另一个意识承认的时候,他自身才会意识到自身的存在。在黑格尔的国家理论中,集中体现了黑格尔的自我观。黑格尔认为,国家高于个人,是因为它的普遍性高于个别的本质,个人在符合他的本质规定时,才是真实的存在。所以,只有在社会中个人的人格才能得以实现,个人的身份是体现在社会当中的。通过以上的分析我们可以看出,西方关于"自我"的理解已经从"自我"与"自然"的二元性走到了突出"自我"的内在性与外在的确定性之间的关系的理解中。在这两种理解中,"自我"是作为一种实体而存在的,而且"自我"是作为一种认识手段而存在的,并非是认识的目的。所以,他们都能说明"自我"是如何存在的。

20 世纪的西方哲学不再关心纯粹意识主体,"自我"由于身体、他者、语言的介入成为实践和社会意义的概念。"自我"从此进入了"生活世界",成为与时间相联系的当下在场的存在、与他者交往的在世的存在,这时"自我"的个体性意义得到充分强调。存在主义哲学超越了意识哲学的传统,将"自我"从作为主体的自我意识转向了本真的自我生存。雅斯贝尔斯从消解自我意识的绝对主观性入手,关注人的生存状态,同时关注由人所构成的生存共同体,他认为人是作为某种社会环境的组成部分而生存的,人只有在社会环境中才能生存。萨特通过存在先于本质的命题,提出人是创造性的、自我超越的存在,他关注的是"自我"的真实存在和超越现实的能力。至此,西方哲学中的"自我"观念真正从天上回到了人间。社会和政治生活领域成为了人类生活的基本场域,成为人的理性建构的对象。

当今西方世界的民主政治是以自由主义为意识形态的,但是人们已经发现自由主义有其先天的不足与局限。当代新自由主义对于"自我"的理解也受到了社群主义的批判。当代新自由主义代表人物罗尔斯沿袭了笛卡尔、康德等人对"自我"的看法,认为"自我"是一个可以独立于外在世界而存在的理性实体。他认为,"自我"除了自身和自我决定以外没有任何本质,更不用说任何经验的本质。建立在这种"自我"之上的道德标准是衡量一切具体道德原则的准则。这种先验的、实体性的"自我"不必求助于任何外在于自身的法则。这种关于"自我"的理解引起了社群主义的强烈质疑。社群主义内部对于"自我"也有不同的认识和理解，但是情景自我、公民资格、个体美德、社群归属以及最终的共同善构成了其对"自我"理解的独特的理论面向和进路。社群主义的总体观点认为，"自我"是具有丰富关系、厚重背景的真实自我，承认和肯定自我的社会维度并不意味着消解自我的逻辑功能，这种自我由于强调对所在社群、历史、传统等的依附实际上要突出的是自我的群体性，自我离不开他者，自我与他我共在既是一种事实，也是一种价值诉求。[1]

西方在现代化的进程中已经遇到了许多前所未有的并暂时无法解决的问题。在这种情况下，他们将目光投到了与西方文化相异的中国文化当中。西方的汉学家和哲学家对中国思想的研究热情日益高涨，他们希望在研究过程中找到与自身文化相异或互补的部分来解决其自身的危机。正是在这样的视角当中，他们发现了儒家文化异己和互补元素。

在西方关于现代性问题的讨论中，都表述了对人的不同理解，所以，讨论中西方关于"自我"的概念的不同理解一方面有利于深刻地了解两种文化的异同，另一方面也可以在中国儒家文化中找到西方现代化危机的出路和中国现代化的途径。在下文中将要讨论的芬格莱特、郝大维和安乐哲关于孔子和儒家"自我"的观点都基于郝大维和安乐哲所谓的"儒家式的民主"——社群主义的民主。他们都认为，社群主义是中国政治现代化的希望之所在。

他们认为杜威的社群主义的发现与中国文化相关。而且中国文化是一个具有重要意义的社群主义资源，它将回应西方化的个人主义影响。儒家关于"自我"的概念是与"社群"分不开的，儒家在社群中来定义人。儒家的社群主义在根本上也是不同于西方的社群主义的，因为西方的社群主义是在西方的自由主义当中发展起来的，其中必然有自由主义的特征。西方的汉学家和哲学家希望在儒家社群主义、西方的社群主义和自由主义三者的互动当中达到相互滋养彼此取益的效果。

儒家社群主义将个人理解为社群的动物，认为个人是通过与他人、与

---

[1] 袁红英：《当代社群主义自我观研究》，博士学位论文，黑龙江大学，2009年，第136、121页。

整个社会进行交往才得以确立其存在的意义的。在个体与群体的关系问题上，儒家社群主义重视并提倡群体价值，个体价值要服从于群体的价值，个体的价值只有在群体价值的实现中才能实现。此外，儒家社群主义强调与提倡社会的公共善，并将公共善与社会美德视为理想社会的最高目标。他们从儒家社群中来理解"自我"，实有一番见地。

第一节 芬格莱特的孔子"自我"问题研究

"自我问题"是一个内涵丰富的词组，它可能指关于"自我"的逻辑或心理分析；它还可能指和人性相关的诸如灵魂等问题的探索，当然"自我"问题还可以指人的一项任务，即实现人的真正自我，从而达到完善的境界。但是，在儒家乃至亚洲的整个区域内，有关"自我"问题的讨论集中在将"自我"变成"无我"（selfless）的任务。芬格莱特关于《论语》中"自我问题"的讨论则集中在"无我"的问题上。

芬格莱特认为，在整个亚洲的思想范围内有这样一种看法，认为个体的自我或者是私我是妄想和痛苦、挫折和束缚的根源与渊薮。[①] 人们的任务便是解放这种"自我"。但是，孔子对于"自我"问题的看法似乎与其他人不同，他对"自我"持一种肯定的态度，认为每个人都应该用自己最旺盛的精力，广泛地培养自身的技能，并根据正确的原则来行动，而使自己成为一个真正的人。所以，芬格莱特认为，对于孔子而言人最大的任务就是"修身"即"自我修养"，而并不是"自我"迷失或无我。

芬格莱特并不否认在《论语》中孔子关于"自我"问题的讨论完全不存在"无我"的思想，也并非认为孔子不赞成"无我"的思想，而是认为孔子的思想中"无我"的思想与亚洲广泛意义上的这一概念既有差异性又有一致性。

芬格莱特认为，《论语》中的"自我"是有"意志"的，而且"意志"构成"自我"的特性，"自我"是一个能实现个体"意志"的自我。个体的"意志"是只有在个人被当成一个独立个体的时候才能够表现出来的，它是实现"自我"理想生活的一种基本手段。所以，在有意志的

---

① [美]赫伯特·芬格莱特：《孔子：即凡而圣》，彭国祥、张华译，江苏人民出版社2002年版，第123页。

"自我"和"自我"的意志是特殊的这个视角来看，孔子是肯定"自我"的存在的。但同时芬格莱特还认为，个人意志的根据并非是独特的，相反它带有普遍性。因为，在孔子看来，个人有志于实现的东西正是由"道"所要求的，而"道"的一切方面都存在着一种内在普遍性，而不存在对于特定个体的根本指涉。所以，就个人的意志选择及调整的方向所依靠的根据而言，孔子对"自我"是持否定的态度的，即认为"自我"是一种"无我"。

一 "自我"：一个能够实现自己意志的个体自我

芬格莱特认为，我们从《论语》中获得的"自我"概念，是一个自我省察和自我调节的个体；是一个带有其个体特定意志的个体。个体由其意识推动来调节"自我"的取向和"自我"的实际行为。所以，"自我"的行为取向根据其特定的意志而带有特殊性，同时个体的意志也成为个体区别于他人的标志。芬格莱特认为，在《论语》中明确地指涉"自我"和"意欲"的术语有四个，它们是：己、身、欲、志。他通过这四个术语的讨论，论证了《论语》中的"自我"是一个能够实现自己意志的个体"自我"。

（一）己

在《论语》中"己"用来指称"自我"被使用了20多次，在其中有时把"自我"当成主体，比如"己欲立而立人，己欲达而达人"，"己所不欲，勿施于人"，等等；有时"己"这个指称也把"自我"看作是客体或对象，比如"不患人知不己知，患其不能也"；有时"己"还把"自我"当成是对自身起作用的行为者，比如"行己也恭"、"修己以敬"。通过分析"己"在《论语》中的几种用法，芬格莱特发现，无论"己"被用来指称主体、客体还是行为者，较之"吾"等其他的指称"自我"而言它都具有一种强调的意义。

虽然，在汉语中"我"和"吾"也经常被用来指称"自我"，但是，在这一指称当中并不含有强调的意思，而"己"，通过对以上使用语境的分析，我们可以看出，它含有强调的意思，同时还含有某种反省的意思，即人自身在不断地观察自我和调节自我，而非一种纯粹的"being"或纯粹的"doing"。所以，我和吾与己之间的区别就像是"I am opening the door."（我在开门。）与"I myself am opening the door."（我亲自把门打开。）的区别一样，后者在表意时增加了对"自我"的强调成分。

同时，"己"的强调作用也凸显了"己"与他人的对立面的关系。这样便会存在己与他人之间在利益和目标上的对立与冲突。但是，在孔子的思想中这种对立面的冲突是以"自我"谐调和"自我"对他人的迁就为解决办法的。儒家追求的圣人境界是每个人的理想，所以，个人的利益在理想上是与他人的利益一致的。在追求同一个理想的道路当中，如果人与人之间能够互相谦让，就会出现和谐的环境，所以和谐的环境无论对自身还是对他人的理想实现都是有益的，这也正是儒家推崇和谐的原因之一。所以，在实现理想的过程中人们能够做到相互谦让，并不断地省察自身和调节自我，对他人显示出谦让和迁就的态度，这样不但有利于个人的利益，也给他人的礼仪提供了方便，在一个和谐的环境中达到彼此相益的效果。儒家的圣人、君子是人格的典范，是人们理想的目标，所以，如果"自我"希望受到他人的尊敬，首先要使自己具有能够受人尊敬的品德，为仁由己，自我是受他人尊重的根本来源。所以，不断地进行自身省察和自我调节是儒家修身的一个重要方面。在不断的修身过程中，以保持和谐的生存环境为前提，使个人与他人的对立消解在这种自我协调中。

（二）身

芬格莱特认为，在《论语》中"身"在作为"自我"的一个指称时，多数情况是把自我作为一个客观现象的指称，这种用法与"身体"的用法一致。在对"身"的讨论过程中，芬格莱特首先强调，《论语》中的自我是具有自我省察能力的，比如在"吾日三省吾身"中则明显地表达了这样一种观念。同时，"不使不仁者加乎其身"和"不辱其身"的用法则表达了在自我省察的过程中人们不允许其自我受到侮辱，在成为仁人的道路中也不允许不仁者对自我产生影响。其次，芬格莱特认为"身"还用来指自我调节和自我控制。一个人的身可以代表他的"生命"，也就是说，一个人的自我是被看成具有时空广延性的有限的存在。因此，在这种意义上说，一个人能够"热爱"他的生命，也能够"舍弃"他的生命。在此，"他的生命"就是他作为个体存在自我本然的全部潜能。[①]

基于以上的分析，芬格莱特指出，如果"己"所强调的是自我具有

[①] ［美］赫伯特·芬格莱特：《孔子：即凡而圣》，彭国祥、张华译，江苏人民出版社2002年版，第127页。

自我省察和自我调节的能力，那么，"身"在具有以上强调的同时还强调了自我观念是与身体相关的时间性的存在。

（三）欲

芬格莱特认为，孔子在《论语》当中所体现的"自我"在表现为个人的独立意志的时候，"自我"表现为一种真实的存在。所以，芬格莱特认为，孔子思想中的"自我"并不表现为"无我"或"非我"。个体的独立意志使"自我"成为一种真实的存在。在《论语》中与"意志"关系最为密切的两个词就是"欲"和"志"。

"欲"在英语当中经常被翻译成"wish"、"want"或"desire"。所以从字面上来看，"欲"并不能显示出它是指身体的欲望、精神的需求或社会的抱负，所以，"欲"的含义在广义上来看显示的是与个人相关的事情，是人的一种要求。所以，"欲"表现为每个个体的独立的意志需求，个人可以描述为有各种不同需求的存在，而每一种需求都来自于特定的个人，欲是人的一个基本特征。所以，就"欲"与个人的意志相关，并且体现为个体的特殊性这个意义上来看，"自我"是一种真实的存在。

（四）志

芬格莱特认为，《论语》中的"志"与"欲"一样没有明确的根据或理由，或具体的目标。但是，他强调一点即"志"是与特定的个人不可分割的，而且与"欲"相比它总是出现在由强烈而坚韧的目的构成问题的那些语境。

同时，芬格莱特认为"志"是与行为密切相关的，但是"志"并不是行为本身，而它能够促进和指导行为。由于芬格莱特是明确的反心理主义者，所以他认为虽然志并非是行为本身，但是它也绝不代表任何形而上学或心理学性质的学说，"志"没有任何具体化的意志功能，也没有任何内在的机制或各种心理力量的平衡，不存在一个内在的剧场，其中上演着内在的戏剧，也不存在由统治者和被统治者所组成的内在社群。[①] 芬格莱特强调他所讨论的"志"并不是心理学上的学说，而是希望用它来证明，"欲"也是人的一个基本特征，是真实自我的一种外在表现形式，进而说明在孔子的思想中，在肯定"志"与"欲"的概念是个人的基本特征的

---

① [美]赫伯特·芬格莱特：《孔子：即凡而圣》，彭国祥、张华译，江苏人民出版社2002年版，第129页。

同时,必然不能抹杀自我的真实存在。

通过以上四个在芬格莱特看来是与自我问题密切相关的《论语》中的四个概念,他所勾画的《论语》中的自我形象渐渐清晰。首先,芬格莱特认为自我是一个自我省察和自我调节的个体,自我是一个有生命的,而且是具有时空广延性的存在。其次,自我是一个带有其自身利益的,和其他人有别的独特的个体。个体与他者在利益上存在对立与冲突,但是,冲突会在追求共同理想的道路上由人与人之间的相互谐调和迁就而解决。再次,自我的特殊性使其意志展示出一种特殊的指向,这种指向动力调节自我的取向和行为,自我的意志表现为在强度的目的性上有所差别的"欲"和"志"之中,他们表现为一种偶然性,但他们都是产生于自我的。

"意志"在《论语》中"成为真正自我"的过程中扮演了一个重要的角色。意志是个体的一个基本特征,所以个体的意志使个体有别于他人,同时自我也表现为能够实现自身意志的个人。因为意志是实现人们的理想生活的一种基本手段。在意志这种有指向的动力推动下,人们使自己不断地学习并在学习的过程中不断地坚定求道的信念。而求道正是孔子视域中实现真正自我的唯一通道。

二 自我:在意志的根据上表现为"无我"

芬格莱特用"意志"来定义自我,并同时指出"意志"在产生的基点和根源上来说是个人的,同时当意志被用作是一种有指向的动力,能够调节人的自我取向并在指控制人的行为方面其指涉的都是独立的自我。所以,自我在此意义上是肯定的。但是,《论语》中孔子明确地指出,"毋意,毋必,毋固,毋我",而且这一点对于实现道的理想是至关重要的。根据这一论断,芬格莱特又说,在这一维度上来看,意志可能是个人的,但又并非必然明确地与个人相关。他认为,人的行为的根据,即人有志于某种特定行为的根据,与意志是有区别的,而且就意志的根据而言,它并不属于个人。因为儒家传统中,个人有志于实现的正是仁礼以及由其派生的各种道德,这些德目从总体上来说都是"道"所要求的,"道"具有一种内在的普遍性,它并不是对某个特定个人的根本指涉,所以,芬格莱特认为从个人的意志根据来看,自我可以被认为是否定的,是"无我"。芬格莱特在将儒家的这种以道为意志根据的"无我"在与西方的自我中者的比较中展现了儒家这种"无我"的特有气质。

首先，芬格莱特将以"道"为个人的意志根据的"无我"的自我概念与"自我中心者"加以区别。他认为自我中心论者与以道为个人意志根据的自我的区别就在于自我中心论者是将意志植根于自身的个人存在之中来作为根据的人。自我中心论者的根据是自我或确切地说是私我（ego），它们的意志根据表现为其个人唯一的、独一无二的所求。所以，理解自我中心论者的一个关键点就是了解其自身的动机、渴望和希望。而儒家以"道"为意志根据的"无我"的自我则与之大相径庭。君子的行为依据是"道"，个体是君子的意志所寄居的、有着独特时空的身体场所，它是君子的意志所控制的对象。要去理解君子意志的内容，就是要去理解道，而不是去理解那作为特定个人的君子。私我表现于自我中心者的意志当中，而道则表现于君子的意志之中。①

其次，自我中心论者会将私我束缚、执着于各种事情之上，但是君子的意志则不会束缚于任何事情之上，因为君子的意志并不是其本身所具有的力量，"道"的特有力量是个人意志力量的源泉。自我中心者的意志根据是"自我"的私欲，他内心中的愿望成为"我"的行为的决定性理由，所以，自我中心论者总是控制自身如何行动，并在行动中由于个人的目标并不相同时而产生冲突和矛盾。但是，君子则不同，君子的意志首先是来源于君子本人的，但是君子的意志根据及意志的目标是"礼"，是"仁"。所以，个人出于自身的意志来参与礼仪活动，但是所有人的活动的目标都是礼仪的完善和成仁，所以，在实际行动中人们能够以彼此相关的、和谐的方式来参与，并在与他人的彼此谦让中成就他人的同时实现自我。因为个人的意志目标和根据都是"道"，所以并不存在人将自身的意志强加于他人，人与人是在一种和谐的氛围中实现"自我"。芬格莱特认为《论语》中与他处皆然有别的特殊氛围就在于每个人的理想和意志根据都存在于道中，道造就了人类理想的社群氛围，在这种氛围中，没有强迫或把某种个人的意志强加于他人的东西。事实上，从意志根据的立场来看，无论是通过物理的或心理的办法，还是借助于法律的或政治的手段，个人意志强加于人根本没有立足之地。相反，一切人都应当在一种由道创造的相

---

① ［美］赫伯特·芬格莱特：《孔子：即凡而圣》，彭国祥、张华译，江苏人民出版社2002年版，第133页。

互尊敬的和谐的氛围中自愿合作。①

通过以上关于自我中心者和儒家的"无我"的自我的对比与分析，芬格莱特指出，以道为自我意志根据的自我，是一种纯净的人格，这个我，是一种没有个人内容的意志发生的时空基点。当个人依据"道"而行动的时候，是由个人的自身意志所保证的，它规范自身使之朝着道的方向而努力，这种努力并非一时就能看到效果，但个人的意志还是保证自身努力而不松懈。所以，立足于道的君子在其个人的意义上并不关心意志的结果，而这种意志是保证个人能够按照道所指引的方向坚定不移地前行。

但是芬格莱特在肯定有"意志"的"自我"，否定意志的根据是自身的产物的同时，也并不否定个人独特的人格和个性对于意志的根据"道"所产生的某种作用。芬格莱特还列举了他经常使用的那个例子——音乐演奏。因为，他认为孔子热爱音乐，并且在修身中赋予音乐以很高的地位。他认为是音乐的概念——与道相应的音乐的概念，超越了个体的意志，并且构成了每一个演奏者的意志依据。但是同时他也认为，正是音乐演奏者全心全意地演奏和坚定不移地遵循一定的演奏规则，以及演奏者的个人独特的气质、表演风格和诠释手法使音乐的概念表现得淋漓尽致，使演奏熠熠生辉。所以，演奏者在使音乐的概念得以表现的过程中发挥了重要的作用。

所以，芬格莱特认为：音乐、道德概念都不包括现实的每一个方面。演奏者也好、立志实现道的人也好，都会对音乐、道具有一种创造作用。每个人在实现道的过程中所采取的行动都必然富有个性的特色和魅力，但是每一种个性的特色和魅力都服从而且服务于那种主导性的和普遍的非个人的概念之中，即道之中，并在这个过程中使道得以升华。所以，芬格莱特在孔子对意志的肯定性中来论证自我的意志根据并非是个人的，以论证《论语》中的"自我"的确存在"无我"的元素，但这种"无我"与亚洲其他流派的"无我"概念是有所区别的。

通过以上的论述我们可以看出，芬格莱特关于《论语》中的自我问题的讨论是从人性入手的。他认为，对于《论语》中的孔子来说，自我既不是人性的终极单位，也不是人的价值的终极依据。生活中至高的价值

---

① ［美］赫伯特·芬格莱特：《孔子：即凡而圣》，彭国祥、张华译，江苏人民出版社2002年版，第134页。

和尊严,以及生命的神圣性,都取决于实现卓越的人生之道的全心全意的精神和技艺。因此与道相合的仁者的生命是具有至高的价值的,而不是个体的存在本身。在这个意义上,值得重视的恰恰不是自我的存在,而是自我的存在方式,自我追求"道"的过程。

"无我"是西方世界对于中国儒家甚至是整个亚洲对于"自我"问题的一个基本论断,但是芬格莱特认为孔子在《论语》中所展现的"自我"即使存在"无我"的维度,但并非是完全意义上的"无我"。即使在《论语》中存在将自我解读为无我的思想,但孔子的"无我"思想也是不同于他者的。芬格莱特认为,在《论语》中人作为一个独立的存在,有其自身与他者形成区别的"己"与"身",同时"欲"与"志"表现了源于个体自身欲望和意志,并能够控制人的行为方向。从这一方面来说,"自我"是一个真实的存在,并非表现为"无我";但是,作为个人意志依据的"道",却是非个人的,它是普遍性的,所以,在意志依据方面来看,"自我"又体现出"无我"的某些性质。

其实,芬格莱特的这种"自我"的观点,正源于他关于"人性"的解读。他认为,礼仪行为是"人性"的体现,自我是礼仪行为的实现手段,自我并非西方自我中心者的"自我",这种"自我"作为一种"手段"虽然在行使礼仪行为的时候必定表现出其特有的人格和特性,但是由于每个个体的最终目的都是成为仁人,都是对"道"的不懈地求索,从这种意义上来讲,人的生命的最终意义就是对道的追求,其实现的直接手段便是对礼仪行为的践行。

西方和中国的一部分人认为《论语》中的自我是"无我"的论述其理论前提都是:在中国的社会当中,集体的利益高于个人的利益,当二者发生冲突的时候,要牺牲个人的利益,以保证集体的利益。或者认为个人的意志行为都是为了更好地遵循礼仪的规定,而以"道"所规范的行为目标来约束自己的行为,所以,自我并不存在真正的选择,而是按照"道"所指示的,由"礼"所展现的行为方式来实现自我。我认为芬格莱特的分析是有一定的道理的。首先,在《论语》中,虽然人所面对的是一条没有十字路口的大道,但是,这也并不意味着在"道"的旅途中每个人的行为都必须完全一致。每一个概念在不同个体身上的体现都是特殊的,而且实现"道"的方式虽然只有一种,即按照"礼仪"的规定来完成自己的行为,但是,这也并不意味着世界上每个人的行为都表现为一致。不一致的行为和每个人对于概念的不同诠释都体现了个人意志行为乃至人格的特殊性。同时，孔子在《论语》中所强调的人需要不断地反省自我、调节自我也正是在自我意识到了与他者的区别的情境下所产生的，这时自我与他者成为了两个不同的概念，所以，在这个意义上，自我是一个真实的、肯定的存在。

虽然，"道"作为个人意志的依据其内容表现为相对固定的传统道德，带有普遍的性质，但是自我在产生依道而行的意志，在控制自身沿着道的方向而行的过程中，意志所提供的持久力方面都是个人的。能够保证自我意志的持久力和方向性的人便能够成为君子，这正是个人独特性的表现，因为正是由于每个人的意志力不同，所以并非所有的人都能成为君子。只有那些意志力强，能够坚持依道而行的人才能够成为君子。在这一点上，意志不但表现为自身的特有之物，同时它也使个人与他者区别开来，使自我真实地表现出来。

同时，从中国以家庭为模式所展示出来的社会关系来看，个人是在社会中加以定义的，虽然孔子的"正名"思想也要求每个人应该按照其身份的要求来行使自己的责任，但是处于关系网中的每一个个人在其他人的心目中都是一个特别的个体，从他者的角度看个人也是独特的，他表现为一个肯定的"自我"。

第二节 郝大维和安乐哲的孔子"自我"问题研究

郝大维和安乐哲认为，在西方多维度的关于现代化的定义当中，都不免含有对"个人"的阐释。但是，在所有的这些阐释中所描述的人的特征都表现为或自我意识，或自我表现，或生产和获取的动力，或创造性的表达。所以，"自我"问题，是现代性中不可化约的一个重要因素。

郝大维和安乐哲认为在西方关于"自我"问题的观念主要有以下四种模式：（1）理性的意识；（2）还原于生理（神经化学、社会生物学）；（3）意志活动；（4）机体的（生物的和社会的）功能。[①] 但是，这四种模式都是以西方自我意义为基础的主导模式，而中国式的"自我"表现

---

① [美] 安乐哲：《自我的圆成：中西互镜下的古典儒学与道家》，彭国翔译，河北人民出版社2006年版，第313页。

为个人与社会的焦点/场域模式当中。孔子《论语》中的"自我"表现为是某个行为者,而不是某个身份者。"自我"是出于社会环境中的,"自我"是一个人的身份和关系的共有意识。个人即是其如何在一个人的共同体环境下处事。个人秩序与社会秩序是相互包容的。在焦点/场域的解释模式当中,"自我"就是"具体的焦点",家庭、社会与国家,甚至天下,都是"自我"这个"焦点"所在的"场域"。"自我"的个性质素是人的关系的"场域"。"自我"实现从根本上说是一种社会任务。各种社会角色聚合成为一个人的身份,也构成了这个人的"自我"。创立"自我"并不是扮演单纯的角色,而是扮演恰当的社会角色。

儒家对于人的解读视角与西方大相径庭,所以,郝大维和安乐哲认为,如果想要理解孔子"自我"的观念,就要避免用西方的概念体系来定义中国传统儒家的"自我",即孔子的"自我"。所以,由西方四种主要模式来定义的"自我",使得西方人对于中国"自我"观念提出这样的论断:无心的自我、无身的自我、无目的的自我和非意志的自我。郝大维和安乐哲针对这些论断依次提出了它们的西方理论根源,并对此给予否定,并认为,在中国的"自我"论中所说的"我"、"心"、"身"、"目的"和"意志"并非西方意义上的这些概念。他们从"无我的自我"这一总体性论断的错误性出发,得出中国儒家孔子的"自我"是以个人为焦点,以社群为场域的焦点—场域式的"自我"。

一 对"无我的自我"的否定

在西方,对中国人最普遍的说法之一就是中国人是某种程度的"无我",是一种"自我舍弃"(self-abnegation),而且自我舍弃意义上的无我是中国传统的理想。这种说法认为中国人必然是自我克制的,因为他们的动机首先来自于群体的需要,他们为了群体的利益可以放弃自己的私利。但是郝大维和安乐哲认为,把中国人视为是无我、自我舍弃的人,以为他们的"意识"、"意志"、"欲望"和"目的"全都为他们所属的社会、社群或国家所占据,这种说法存在着一定的问题。①

首先,"无我"产生的根源是"自私"与"无我"概念的混淆。在

---

① [美]安乐哲:《自我的圆成:中西互镜下的古典儒学与道家》,彭国翔译,河北人民出版社2006年版,第313页。

《论语》中有一句众所周知的话：克己复礼为仁。所以，自我克制的思想在儒家产生了根深蒂固的影响。自我克制的观念必然引起人们对于公与私、个人与社会的区别的思考。郝大维和安乐哲认为，自我克制并不能直接被定义为无我，因为无我是在个体存在的前提下提出的。个体只有在存在的基础上才能够为社群和国家利益作出牺牲。如果说，克己与自私是一对相反的范畴，自私是完全为自己谋求利益，那么避免自私念头并不必定导致自我的抹杀。因为，克己使个人能够按照社会准则来行事，同时能够"克己"的个人也会把社会看成是个体化的并且是富有特性的成员所组成的。所以，能够"克己"的人，才能够被社会所认可，并在社会成员的互动中展示自身的独特性。

其次，郝大维和安乐哲认为，孔子思想中的"自我"概念并非是一个内外分离的概念，相反一个人的内外"自我"是不可分离的。所以，孔子所说的"自我"，并非是个人能够把他的本质"自我"分离出来，同时加以对象化，而是表示个体意识到了自己是别人注意的焦点。他们认为，"个体"的概念可以从两个方面来加以考察。首先，个体指某一个类别当中的一个，在这其中强调类别的规定性。西方意义上的"自我"观念便体现了这样一种"个体"的观念。它强调个体表示的是一个单一的、分离的并且是不可分割的事物，由于他具有某种特性，所以被规定为某一类中的一分子。在这种意义上，作为一分子的个体与同类别中的其他分子具有同样的性质，所以他们是可以被替代的。同时，我们可以得出，人作为社会当中的一分子，都是上帝之子，并且在法律面前人人平等。也正是在这个意义上，才产生了西方所强调的自主性、平等、自由和意志等概念。所以，这个意义上的个体同他所处的社会之间是一种外在的联系。而关于"个体"的另外一种解读，则体现了孔子思想中的自我观念，即强调人的特殊性。这种关于"个体"的观点强调个体具有单个的、不可替代的特殊事物的性质。每个人虽然都是社会中的一分子，但是，每个人在社会中所形成的多方面的关系使之具有独特的个性。正如《论语》中的君子，正是由于他特有的品性受到人们共同的敬仰而使他成为人间的典范。所以，在这种"个体"的界定中，郝大维和安乐哲强调孔子将"自我"界定为社会性的，在这其中一定会排除自主的个性，但是，在排除个人自主性的同时，并不意味着将以角色和关系定位的"自我"的特殊性也排除在外。"自我"的特殊性是理解孔子"自我"观念的一个重要切入点。而孔子思想中所强调的内在性的"自我"正体现了儒家传统中"自我"的特殊性。

再次，郝大维和安乐哲认为，如果按照《论语》中与"自我"相关的概念来阐释中国儒家传统中的"自我"问题，也能够否认中国的"自我"是"无我的自我"的观点。他们认为，在《论语》中，孔子是按照"己"、"人"以及"仁人"的关系来描述"自我"的。"己"和"仁"都是用来表示"自我"的概念，而"人"被用来表示他人的含义。这样一来人们便习惯于用"己"与"人"的区分来阐释"自我"的概念。但是他们强调孔子所区分的"己与人"的对立面是相互蕴涵（entailing）、相互依赖、相互关联的方面，而不是反映了某种内在的本体差别的二元分离。阴总是在"变阳"，阳总是在"变阴"，就像"昼"成"夜"，"夜"成"昼"。就己与人的区别而言，"己"总是在成"人"，而"人"总是在成"己"。①

而根据孔子所说的"克己复礼为仁"，以及"己"与"仁"的同一关系，郝大维和安乐哲认为，社会中的人便是通过复礼而克己的做法，在自我与他人的关系当中为自己找到一个适当的位置。同时，"仁人"是为了自我实现而进行修养的结果。正是个人在不断地自我超越与自我实现的过程中不断地完善着社会和政治秩序。社会秩序是由人来完善的，而且是无数个人在自我实现的过程中决定的，这些人表现为人间的典范。所以，就孔子关于人在社会中实现自我，并同时规范和改造自身所生活的社会秩序这一点来看，孔子思想中的"自我"不可以被解释为自我舍弃。即使在自我实现的过程中并不存在西方意义上的高度的"自我"，但是代替"自我"的自主性的也并不是对普遍意志的屈从。所以，郝大维和安乐哲得出结论说，孔子的"个人主义"（personality）规定了社会成员要对他人有益，也将受益，在这种社会中，人们相互忠诚、相互承担责任，这种忠诚和责任既护卫又激励了一个人，并且规定了他自己的价值。②

二 对"无心的自我"的否定

在西方，形式主义者将"自我"定义为是可脱离其肉体躯壳的精神

---

① ［美］安乐哲：《自我的圆成：中西互镜下的古典儒学与道家》，彭国翔译，河北人民出版社2006年版，第318页。

② 同上书，第320页。

或意识。他们把主体的自主性与柏拉图意义上的"心灵"或"精神"相等同。以这样一种思想倾向为基础,继而他们认为,在中国的经验中并没有心灵与肉体、理性与经验的分离,所以,中国人是缺乏自主性和个性的。因为在他们的观念中"心灵"和"精神"与个体的自主性紧密相连,所以,中国儒家的"自我"是"无心的自我"。

郝大维和安乐哲认为,在西方对于"自我"的解释框架中,显示了西方基本的身心二元论假设。这种二元论在西方由柏拉图的著作系统化,而在笛卡尔之后的现代哲学中是最具影响的问题框架之一。而在中国的问题框架中,"自我"不可能按照身心完全对分。所以,按照西方的形式主义的思路来解释中国关于"自我"的任何概念都是没有道理的。他们认为在《论语》中与"心灵"、"理性"相关联的词是"心"和"知"。

在对《论语》的翻译过程中,"心"常被译为"heart"或"mind"。郝大维和安乐哲认为将"心"译成"heart"或者"mind"的任何一种方式,都显示了将认知与情感相分离的状况,在西方唯理性观念的背景下将身心两分。所以,他们将《论语》中的"心"译为 heart- and- mind,他们认为这种翻译方法也许不够雅致,但是却能够使读者意识到,在孔子的思想中"心"指的是"思想与情感",对于孔子来说,思想是由实体来支撑的,同时也不存在没有感知内容的痛觉。在中国古代人的世界观里,过程和变化是高于形式和静止的。说到人体,我们也不难发现,生理学理解远远重于解剖学认识,脏器的功能优先于其位置。[①] 所以,"心"在指思想和感情的同时也可以引申为经验产生的基地。

郝大维和安乐哲认为《论语》中的"知"也与西方的"心灵"、"理性"相关。在英文中经常把《论语》中的"知"译为"knowledge"、"wisdom"和"to know"。郝大维和安乐哲将"知"翻译为"to realize"。他们认为,"知"含有强烈的知识的寓意,它有别于西方作为理论活动的认知(knowing),而且在汉语中的"知"也用来表示行为及其后果的内涵。"知"的特点是,它总是与人的特殊的、不断展开的情境相联系,它不能归结为精神状态。它不是一个抽象的过程,而是非常具体的活动,目

[①] [美]安乐哲、罗思文:《〈论语〉的哲学诠释》,中国社会科学出版社2003年版,第57页。

的是最大限度地增加现有的可能性和有用条件。① 所以，在孔子思想中乃至中国古代思想中的"知"填补了西方人观念中"知识"与"智慧"之间的沟壑，作为一种含有浓厚的实施性含义的思维活动，将人的世界与自然世界和人类的社会文化环境整合在一起。

三 对"无身的自我"的否定

西方根据"心灵—躯体"二元论的理论基础提出，在中国儒家传统中不存在"心灵"的概念，那么，在此意义上，他们一定还会认为，中国人的"自我"也是"无身的自我"。郝大维和安乐哲认为，"心灵—躯体"二元理论在中国并不存在，同时在中国对于"身"（躯体）的认识过程中同样也排除了任何类似于唯物主义的或原子论的解释。

首先，郝大维和安乐哲认为，中国人关于"身"的概念的理解是与"修身"的根本任务紧密地结合在一起的。在"修身"这个词中的"身"，其意指"躯体"。在儒家经典《大学》中明确将"修身"作为最根本的一个条目。"自天子以至于庶人，壹是皆以修身为本"。虽然在《论语》中并没有明确地提出"修身"的概念，但是孔子以"仁礼"为中心的思想却彰显了"修身"在成为"仁者"和按照礼仪的规定来参与社会生活的重要性。在孔子的思想中，修身的最高目标就是达到"仁者"的境界——臻于至善的境界，修身的途径是"礼化"即个人能够按照礼仪的标准来约束自己的言行，进而更好地完成个人在与他人的关系当中形成的特定角色。郝大维和安乐哲认为，各种关系集中化和个体化以后，关系呈现出联结形式，这就是特殊的个人，既是精神上的又是躯体意义上的个人。造成这些中心并且由这些中心构成的"区域"是社群。这些礼化的身份与行为从不与身体相分离，它们塑造他们在其中发挥作用的社群，它们也是由这种社群塑造的，并且向社群提供同一性和特殊性这两方面。②

其次，郝大维和安乐哲认为，孔子思想中的"身"是传统之体借以表现自身的、具体的和特殊的手段。"礼"与"体"是具有同源关系的。

---

① ［美］安乐哲：《自我的圆成：中西互镜下的古典儒学与道家》，彭国祥译，河北人民出版社2006年版，第323页。

② 同上。

因为在中文繁体字当中"禮"与"體"是同源的。"体"是一个人的"根本"（因为它是由"人"和"本"两部分构成的），人体是或然性的，它既不是根据上帝的形态设计的，也不带有某种不可改变的种族性状，而是对其所生存的环境不断适应和变化着的形态。"体"是在变幻莫测的环境中努力提升人类生活所获得的意义和价值的可变陈述。① 所以，"礼"就是传承和提高社群生活的行为方式。实行"礼"是当下生活方式的特定构成部分，同时实行"礼"也是对前人积淀的文化传统的继承，因为"礼"是前人在文化传统中所灌注的意义。而人作为"礼化"的角色，在社会关系中实行和体现礼的传统，正是在这其中使社群成员社会化，同时个人也成为社会中的一员。礼使特殊的个体接受共同的价值，使他有机会整合到社群中去，以维持和充实社群。与此同时，"礼"作为中国文化传统内的人类行为准则，并不是一套固定的僵化系统，礼还存在着重要的创造性维度。"自我"在参与到礼仪活动当中的时候，都以自身之"义"展现了参与者的独特品性，同时也展现了礼的个性化维度。所以，礼的实行永远是独特的，这是礼的个性化的需要，它展现了实行礼的个体的本质区别。"身"便是传统之体借以表现自身的、具体的和特殊的手段。所以，礼和身都是儒家心目中和谐的必要条件，因为礼不仅需要个体的参与，并在个体的参与中不断完善和创新；同时，个体也在实行礼的过程中不断地完善"自我"，达到儒家修身的目的。所以，儒家创造的正是在这种在各个层面——包括身体和精神的层面——共享的、参与的和谐，它充满人类之乐。②

四 对"无目的的自我"的否定

在西方，用来解释儒家"自我"概念的另外一种模式是西方的机体论隐喻。"机体论"源于亚里士多德哲学。在亚里士多德哲学中，有机体是一个生命的统一体，有机体的各个部分按照组织的目的而活动。所以，依据这种观点，西方人在研究人的活动时，常常关注个人的目的，人的伦理活动的目的常被规范为"幸福"。所以，机体论的主要意义在于指导目

---

① ［美］郝大维、安乐哲：《通过孔子而思》，何金俐译，北京大学出版社 2005 年版，第 106 页。

② ［美］安乐哲：《自我的圆成：中西互镜下的古典儒学与道家》，彭国祥译，河北人民出版社 2006 年版，第 326 页。

的论。

郝大维和安乐哲认为,在西方比较有代表的使用有机论来论述儒家"自我"观念的人物是李约瑟和史华慈。他们都认为,中国人有一种有机论的世界观主张,而且他们都突出"官僚模式"和"国家比喻"在"自我"的界定中扮演的重要作用。但是,郝大维和安乐哲针对此提出了相异的看法。他们认为,虽然儒家的"自我"是在社会关系中来定义的,但是,这种"自我"在严格意义上并不是源于"官僚的"或"行政的"模式,而是源于"家庭模式"。因为,家庭关系构成了个人在社会中的其他模式的基础,而且这种家庭模式并不是一个严格机体论上的家庭模式。"自我"首先是家庭这个区域的焦点,而官僚系统和国家本身是家庭秩序的扩展。在儒家的五伦中"父子"关系构成了最基本的关系。父子的关系被用来解释和说明统治者与人民的关系,以及统治者与天的关系。天与地的关系在中国传统社会中被规定为"父母"关系。①

五 对"非意志的自我"的否定

在西方,关于对中国儒家思想中"自我"概念的另外一种解释模式是将"自我"定义为行使意志活动的隐喻。他们认为"自我"是一个有意志的、能够不断作出决定、能够进行"自我"创造的行动者。郝大维和安乐哲认为,在西方行使意志的活动包含有两个隐喻。第一,意志力作为个体化的根源,致使把人解释成为行动者,根据权力关系加以规定外向的意志导致直截了当地追求功效,因而不以更坚强的意志力争取得意见的普遍一致。行使意志的活动来源于竞赛、斗争,即一个行动者反对另一个行动者的斗争。第二,自由意志是由选择的能力表现出来的,产生于意志力观念的伦理学认为,决定的过程能与思想和意愿相分离。②

从这两个与行使意志活动相关的隐喻中,我们看出,第一种隐喻表明,形式意志活动会给社会带来不和谐,这是在中国礼制社会中完全被排除在外的,中国古代社会以和为贵;第二种隐喻则表明,将"自我"解释成意志的"自我",这必然将思想与行动、行动与情感的分离。在中国

---

① [美]安乐哲:《自我的圆成:中西互镜下的古典儒学与道家》,彭国祥译,河北人民出版社2006年版,第333页。
② 同上书,第333—334页。

非二元论的支配理念中，这也是会招来反对意见的。基于以上两种隐喻的分析，郝大维和安乐哲指出，以"意志"来解释儒家的"自我"依然是走在误区当中。

对于孔子来说，个人的意志恰恰表明了个人的决断，并不存在思想与行动相分离的状态。在《论语》中与西方的"意志"观念相关的一个概念便是"志"。人们经常将"志"翻译成"will"。但是郝大维和安乐哲指出，"志"从词源上是由"心"和"之"组成的，所以它与西方的意志概念存在一定的区别。"意志"的基本含义是用来表示决定达到某种目的而产生的心理状态，而"志"则用来表示"意愿"，表示一个人心中所想。所以，郝大维和安乐哲认为，在儒学中"德"这个词更接近于西方的"意志"。

"德"的英文"virtue"来源于"virtus"，"virtus"含有"超越"、"力量"或"能力"的含义，而在中文中"德"是指善的行为或对外实行的恩惠，引申后指它所引起的一种反应：感激。这就是说，"德"所指的既是卓越的又是受敬重的典范。[①] 西方的"意志"是与个人的行为密切相关的概念，它不关注整体的情境，但是在中国，"德"在表示个性的时候，并不单单只关注个人的系统，德是由个人自身和他周围的其他相关个人来说明的。即"德"也与其他的儒家概念一样是在关系中被确定的。所以，与"德"相关的"自我"必然也是处于关系中的，而非一个分立的单位。

"德"在《说文解字》中被解释为"升"。"升"代表了个体在保持自身的力量和其所处的环境的平衡状态下，构造自身的世界，同时也将其特殊性融入其所在的环境当中，丰富了其所存在的环境。当一个人的"升"（使"自我"展示于生活的环境当中）受到其他成员的关注的时候，他不仅提升了"自我"，也使其生存的环境获得进步与提升的更加丰富的资源。所以，在这样的意义当中，儒家的"自我"并非西方意义上的独立的意志"自我"，它是在由个人的社会关系构成的场域当中的一种关系"自我"，它是将个体特殊的关系性融入社会的普遍性之中，并在自我与社会的互动当中相互提升的一个过程性"自我"。

---

① ［美］安乐哲：《自我的圆成：中西互镜下的古典儒学与道家》，彭国祥译，河北人民出版社 2006 年版，第 335 页。

郝大维和安乐哲从西方对于中国儒家"自我"的概念的普遍观点——"无我的自我"出发,在否定西方关于"自我"的四种基本隐喻的同时,提出对于孔子"自我"问题的理解应该按照他们所提出的"情景化方法"来加以理解。因为在中国不论是儒家还是道家对于哲学思维并不凭借一般的本体论,也不凭借普遍原理。依靠的是由特殊的家庭关系和政治秩序所规定的各种各样的情境和场域。个人构成了场域中的焦点,个人也是在场域中完成了自我塑造的过程。所以,孔子思想中的"自我"是出于关系中的个人,脱离了关系的"自我"在儒家思想中是并不存在的。

郝大维和安乐哲认为,按照西方"自我"的解释框架来解释儒家的"自我"是应当受到质疑的。因为两种文化之间存在着根本不同的预设。他们认为中国并不存在二元论的模式,所以,在二元论的框架中来理解孔子思想中的"自我"必然导致"自我"的内外二分。而儒家思想中的"自我"是根本不可分离的。笔者认为,他们的这种观点是正确的。因为,在儒家思想中"自我"确实是不可分的。内在的自我是外在的"自我"通过修身——对礼仪行为的充分践行而内化为个体的"德"的体现,正是在内外"自我"的互动中人才可能逐步地完善"自我",并逐渐走向仁人的境界。

郝大维和安乐哲提出"儒家式"的民主的定义。他们认为在西方自由主义为主导的政治思想强调个人的自由,而中国所实行的民主是儒家式的民主,这种民主不同于西方的社群主义,但是它体现了社群主义的某些基本特征。"自我"也是由社群来定义的。的确,在中国儒家思想中强调群体和个人之间的双向互动。而且正像他们在否定"无目的的自我"的论断时所指出的那样,在中国社会是以家庭模式为基础的,家庭中的各种关系被比拟为群体、社会中的各种关系,形成了以家庭关系为基本模式的关系型社会,所以,"自我"也应该在关系和群体中来界定。

在西方的自由主义民主的缺陷日益暴露的今天,郝大维通过对于中西"自我"观念的比较研究,发掘儒家社群式民主的特性以解决西方的民主政治危机,可谓是一种有益的发现。

本章小结

现代化是人类发展的历史长河中必然经历的过程。在西方世界关于现代化的讨论中都不免对"个人"进行讨论，所以"自我"问题是现代性的讨论中不可化约的一个因素。西方世界通常将"自我"问题的讨论放在政治领域当中，讨论民主政治体制中的"个体"与"自我"。

郝大维和安乐哲认为，西方民主政治体系中提倡"个人主义"。中国的政治体制与西方存在差别，在中国"自我"并不表现为纯粹的个人利益，"自我"是表现为关系性的"自我"，"自我"是存在于社会关系之中的，"自我"是在恰当地扮演社会角色的过程中得以实现的。各种社会角色聚合成为一个人的身份，"自我"实现从根本上说是一种社会任务。所以，他们否定了在西方的意义框架中将儒家、孔子思想中的"自我"理解为无心的自我、无身的自我、无目的的自我和非意志的自我。

郝大维和安乐哲提出儒家式的民主的定义，他们认为在西方的民主政治中强调个人主义，而儒家式的民主强调群体和个人之间的双向互动，社群是"自我"实现的基本场域。他们认为，儒家关于"自我"的认识依靠的是由特殊的家庭关系和政治秩序所规定的各种各样的情境和场域。在儒家思想中"自我"表现在个人与社会的焦点/场域模式当中。孔子《论语》中的"自我"表现是某个行为者，而不是某个身份者。

芬格莱特对于孔子《论语》中的"自我"问题的分析主要集中在对西方将孔子思想中的"自我"定义在"无我的自我"的问题的讨论上。他认为，孔子是肯定自我的存在的，对于孔子而言人最大的任务就是"修身"即"自我修养"，而并不是自我迷失或无我。《论语》中的自我是有意志的，而且意志构成自我的特性，自我是一个能实现个体意志的个体自我。个体意志实现自我的理想生活的一种基本手段。意志表现为个人特有的个性，但是意志根据则表现为"道"，并非是有个人决定的。

实际上，我认为虽然郝大维和安乐哲与芬格莱特关于孔子对于自我问题的看法存在一定的差别，但是他们有一个共同的观点便是他们否认孔子思想中的自我是"无我的自我"，他们肯定人的意志性，人的能动性，并且将自我实现的过程是通过个体的行为而体现出来的对自身的超越过程。所以，儒家的自我实现过程，即成人的过程，即人的创造性的转化过程。所谓的"无我的自我"表现的正是一种人在追求更高境界的过程中而表现出的一种和合的态度，一种淡然地面对挫折和困境的豁然心态。

结　论

　　中国典籍的翻译与研究是西方传统汉学的研究重点之一。西方对《论语》研究历史是与《论语》翻译史紧密连接在一起的。一定时期的《论语》翻译映射出当时目标语文化的社会变迁和文化需求、目标语文化与源语文化的权力关系对比、翻译规范、译者的不同阐释视角，等等。

　　《论语》英译本是世界各国了解中国历史、社会和文化的重要资源。《论语》英译是在近代以来的中外学界交锋、冲突中产生和发展起来的。它是中外文化交流和对话的产物，也是中外关系史的一个线索。在全球化的背景下，《论语》英译体现的是中国文化如何与其他文明对话和融合的时代课题。

　　韦伯（Max Weber）说，只有新教伦理才有资本主义精神。我们通常认为经济增长与文化存在必然的联系。亚洲经济的雄起证明了新教资本主义只是资本主义的一种发展方式，东亚的经济模式代表了资本主义的另一种发展方式，即"儒家资本主义"。西方文明发展至今，理性主义危机日益暴露，其原动力近乎枯竭。西方的哲学家转而在东方哲学中寻求新的泉源。这一时期，西方的孔子研究已经不仅限于用在基督教的背景中翻译和诠释孔子思想。中国乃至亚洲经济的发展使他们重新认识孔子，重新认识中国文化。他们发现了儒家文化中特有的人文精神和仁爱思想，它为西方研究者所处的自身文化发展提供了参照系和某种文化动力，形成欣赏他者文化的敏感性。

　　在20世纪70年代以后，中国实行改革开放政策，经济迅猛发展，综合国力大大增强，国际政治地位大幅提高，与世界各国间文化交流日益频繁。新时期的中国以开放的心态面向世界，弘扬传统文化。这一时期《论语》英译呈现出多元化发展的特征。这一时期《论语》的英译者中加入了专业汉学家和哲学家，而且不仅仅是中国大陆学者和英美学者在英译《论语》，大陆及台湾的本土学者也有多人出版了《论语》英译版。同时，英译《论语》的视角也产生了变化,由前期的单纯关注文化翻译,走向了社会学、文学、哲学、考据学等多种诠释《论语》的倾向。《论语》英译的自主性正在逐步确立,即《论语》英译正在转向其本来的意义和发展途径。英译《论语》作为文化对话的产物,译者和其研究者的诠释当中多元化与开放性并立而行。在跨文化对话中是多种文化的冲击与碰撞,并在彼此的冲击与碰撞中,各民族的人们不断超越自身的文化模式,在不同视阈的彼此融合中,重构自身的文化。

在这样一种社会历史语境中,西方世界尤其是美国和英国出现了中国典籍翻译和研究的高潮。《论语》以其自身强大的生命力,在中国传统文化中居核心地位。西方人认为不了解《论语》就意味着不了解中国文化;而不了解中国文化,就不可能全面了解世界文化和人类经验。《论语》所宣扬的人文精神和仁爱思想成为世界上最古老、人数最多的文明的精神基石。由于其对中华民族产生了深远影响,使之成为被英语世界翻译和研究频率最高的汉语典籍之一。20世纪70年代以后的《论语》翻译与研究已经完全跳出了"西方中心主义"的框架,他们的翻译与研究跳出了基督教和怀疑精神,他们最根本的目的是传播东方文化,并取其精华为己所用,以使中西文化间的交流更富效果。

在20世纪70年代以来出现的包括《论语》在内的汉典籍的翻译高潮不仅仅说明了儒家"生生而和谐"的人文主义是全球化情境下的新诉求;是解决现代西方思想内在矛盾的多元性的需求;同时它更是达到人类的动态平衡与和谐发展的需求。20世纪以来,启蒙思想逐渐显示出理性的强势与价值的缺失的弊端,科学对人类生存的威胁性凸显,人的心灵丧失了对全体、对人的自我、对人性的普遍的认识与把握。社会大众以科学真理代表全部真理,用科学真理来混淆其他层次的真理,因而引起了自我内容的价值贫乏。而儒家以"和合通变"为典范的创新思维,以及过程感受性为主导的行为方式,恰恰为解决西方的价值危机提供了出路。

《论语》以及其他汉典籍英译的高潮不仅仅是解决现代西方思想内的矛盾的多元性,达到人类的动态平衡与和谐发展的全球化情境下的新诉求,它更为中国本土的儒学研究带来了新的力量与思考。新的研究视角与方法使我们刷新了习常对自我传统的认知,使一些固步自封的研究者意识到自己的落伍和缺失。使我们在一个新的视角下,重新思考儒学的价值,以及中国文化的现代化及世界化问题。如何实现中国文化的现代化与世界化，需要我们作出两方面的努力：首先，它是一个在了解西方、批判西方、吸取西方的过程中，透过自我理解与觉醒在一个世界平面上把中国文化带到现代与后现代的过程；其次，它也是在促进西方了解中国文化与中国思想的世界性与深层性中奉献自身于世界，已达成人类未来更好的发展与成长过程。

在《论语》以及其他的中国典籍在英语世界掀起的新的一轮翻译热潮中，中外的许多学者都提出中国典籍的可译性问题。如果说在20世纪70年代以前英语世界对于中国典籍的翻译是在完全的"西方中心主义"的框架中展开的。但是，在近40年来，英美世界的学者已经意识到自身文化的危机所在，并试图在中国古老的文明中找到治愈的良方，在这种背景之下至少可以说他们在中国典籍的翻译与研究中已经在主观上避免用西方的思维模式来翻译和研究中国典籍。但同时，我们还应该注意到，包括《论语》在内的中国典籍的翻译与研究除了译者自身意识的影响之外，还受到原作品和翻译实践自身的制约。按照一般诠释学的理解，在译者和读者面对一个文本，不管这个文本是如何书写的、何时书写的，译者和读者都不可能完全地获得作者本身想表达的意思，因为译者和读者都是通过自己的视角来阅读文本的，而且多数时候还会受到自己的文化观念的影响。另外，对译者而言，很多时候还要受到一些本人无法改变的学术环境的影响，因此对其翻译过程中出现的一些问题，译者本人也不一定能认识到。

从理论上看，任何文本都可以翻译成其他语言，无论是汉代时期的佛教典籍汉译，还是明清时期的中国典籍西译，文化交流史上大量的翻译实践也已经证明了典籍翻译的可能性与文化沟通的可实现性。但是，很多人认为英译的《论语》以及白话的《论语》，并不能称为"《论语》"，因为，经过两千多年的发展、积淀之后，《论语》中，一字之下，蕴义万千。正如王国维所说："若译之他国语，则他国语之与此语相当者，其意义不必若是之广，即令其意义等于此语，或广于此语，然其所得应用之处，不必相同。故不贯穿不统一之病，自不能免。而欲求贯穿统一，势不能不用意义更广之语，然语意愈广者，其语愈虚，于是古人之说之特质渐不可见，所存者肤廓耳。译古书之难，全在于是。"[1]

---

[1] 王国维：《书辜氏汤生英译〈中庸〉后》，转引自姚金铭、王燕编《王国维文集》（第三卷），中国文史出版社1997年版，46页。

其实，对于很多学者来说，将《论语》翻译成英文也不单单是英文水平的问题，将文言文的文本用英文来翻译，也首先是将文言文转换为白话文的过程，在这一过程中古汉语所蕴含的多种解释维度就只剩下了一种译者的理解，所以，人们普遍的感觉是《论语》的英译本并不是原来的《论语》，而是一种失真。与此同时，很多人提出，包括《论语》在内的中国典籍是不能翻译的。但是，笔者认为，人类的跨文化的相互理解的可能性在于我们是否能够通过对人类古老智慧的了解，去为人类今天所面对的问题与挑战寻找资源，这不仅仅是文化沟通的现实意义，同时它也是文化沟通的终极目标。所以，不能质疑《论语》以及中国的其他典籍能够被翻译以及在异国的语境中被研究，而要看研究成果对世界范围内的文化的交流与融合是否具有现实意义。我们只能说，中国文化典籍的域外翻译与研究和国内一样是具有相对性与时代特征的。翻译与研究是一个开放性的过程，文本的意义是在开放性的诠释中被不断充盈的。英美世界的汉典籍翻译与研究是人类文明成果的一部分，在人类文化朝着多元与共融发展的今天，无论其对于西方文化的借鉴还是中国文化的发展的现实意义都是毋庸置疑的。

发源于 20 世纪 70 年代，在 20 世纪 80、90 年代兴起的这股中国典籍的翻译高潮，不仅是西方寻找补救理性危机的一种实践方式，同时他们所提供研究视角与方法也为中国儒家文化的发展提供了新的契机。英译《论语》则是我们通过译者的视角反观自身、提升我们自我对于儒家文化认识的重要途径。21 世纪显然是现代人类文明的全球化与本土化同时加速发生与强烈激荡的世纪。中国哲学像是一个久经风霜的大树，外部斑痕累累，但内部经脉明确。中国传统的历史不仅提供了对其自身潜能的洞察，而且也为人类提供了普遍的提示。在全球化逐步加深的今天，在"普及"现代化的同时消解了西方中心主义，为中国哲学恢复自身的独立地位创造了条件。在全球化的平台上，中国文化与各种文化形成交流和融汇的"文明对话"关系，有助于我们取长补短，自我更新，使古老的文明的经久价值重放光彩。在全球化的背景之下，各个民族文化超越了狭隘的地域性限制和自我中心主义，通过相互之间的碰撞、交往、交流、融汇，形成了新型的多样性文化。每一种文化都不是世界的全部，而是世界文化的一部分。文化的多样性同时破除了西方中心主义，也使我们摆脱了狭隘的地域限制，吸收世界各族文化之长，发展、创新自身的文化。

参考文献

专著

[1] [美] 安乐哲：《〈论语〉的哲学诠释》，中国社会科学出版社2003年版。

[2] [美] 安乐哲：《孟子心性之学》，社会科学文献出版社2005年版。

[3] [美] 安乐哲：《和而不同比较哲学与中西会通》，北京大学出版社2002年版。

[4] [美] 安乐哲：《自我的圆成：中西互镜下的古典儒学与道家》，河北人民出版社2006年版。

[5] 蔡尚思：《十家论孔》，上海人民出版社2006年版。

[6] 柴文华：《现代新儒家文化观研究》，生活·读书·新知三联书店2004年版。

[7] 柴文华、陈红：《中国哲学的现代化研究》，黑龙江教育出版社2002年版。

[8] 陈波、韩林和：《逻辑与语言：分析哲学经典文选》，东方出版社2005年版。

[9] 陈来：《人文主义的视界》，广西教育出版社1997年版。

[10] 陈来：《现代中国哲学的追寻：新理学与新心学》，人民出版社2001年版。

[11] 陈来：《哲学与传统——现代儒家哲学与现代中国文化》，台湾允晨文化公司1994年版。

[12] 陈来：《古代思想文化的世界——春秋时代的宗教、伦理与社会思想》，生活·读书·新知三联书店2002年版。

[13] 陈少明：《经典世界中的人、事、物》，上海三联书店2008年版。

［14］陈卫平、郁振华：《孔子与中国文化》，贵州人民出版社2001年版。

［15］陈昭英：《儒家美学与经典诠释》，华东师范大学出版社2008年版。

［16］成中英：《科学真理与人类价值》，三民书局1975年版。

［17］成中英：《中国哲学的现代化与世界化》，联经出版事业公司1985年版。

［18］成中英：《知识与价值：和谐、真理与正义之探索》，联经出版事业公司1986年版。

［19］成中英：《中国现代化的哲学省思：传统与现代的融合》，三民书局1988年版。

［20］成中英：《中国文化的现代化与世界化》，中国和平出版社1988年版。

［21］成中英：《文化·伦理与管理：中国现代化的哲学省思》，贵州人民出社1991年版。

［22］成中英：《世纪之交的抉择：论中西哲学的会通与融合》，知识出版社1991年版。

［23］成中英：《论中西哲学精神》，东方出版中心1996年版。

［24］成中英：《C理论：中国管理哲学》，学林出版社1999年版。

［25］成中英：《合内外之道：儒家哲学论》，中国社会科学出版社2001年版。

［26］成中英：《创造和谐》，上海文化出版社2002年版。

［27］成中英：《从中西互诠中挺立：中国哲学与中国文化的新定位》，中国人民大学出版社2005年版。

［28］成中英：《成中英自选集》，山东教育出版社2005年版。

［29］成中英：《本体的解构与重构：对日本思想史的新诠释》，上海社会科学院出版社2005年版。

［30］［德］恩斯特·卡西尔：《论人——人类文化哲学导论》，广西师范大学出版社2006年版。

［31］［德］格奥尔格·伽达默尔：《真理与方法——哲学诠释学的基本特征》，洪汉鼎译，商务印书馆2007年版。

［32］［德］M.兰德曼：《哲学人类学》，阎嘉译，贵州人民出版社2006年版。

［33］［德］马克斯·韦伯：《新教伦理与资本主义精神》，阎克文译，九

州出版社 2007 年版。

［34］［德］马克斯·韦伯：《儒教与道教》，张登泰、张恩富编译，人民日报出版社 2007 年版

［35］董小川：《儒家文化与美国基督新教文化》，商务印书馆 1999 年版。

［36］［美］E. 弗洛姆：《健全的社会》，孙恺祥译，贵州人民出版社 1994 年版。

［37］樊志辉：《内在与超越之间》，黑龙江人民出版社 2002 年版。

［38］方东桥：《读论语的方法学》，上海书店出版社 2007 年版。

［39］方克立：《现代新儒学辑要丛书》，中国广播电视出版社 1992 年版。

［40］方克立、李锦全：《现代新儒学研究丛书》，辽宁大学出版社 1994 年版。

［41］方克立、李锦全：《现代新儒家学案》，中国社会科学出版社 1995 年版。

［42］方克立：《现代新儒学与中国现代化》，天津人民出版社 1997 年版。

［43］高圣兵：《Logic 汉译研究》，上海译文出版社 2008 年版。

［44］关健英：《与老庄对话》，上海古籍出版社 2002 年版。

［45］韩震、孟鸣岐：《历史·理解·意义——历史诠释学》，上海译文出版社 2002 年版。

［46］［美］郝大维、安乐哲：《汉哲学思维的文化探源》，江苏人民出版社 1999 年版。

［47］［美］郝大维、安乐哲：《先贤的民主》，江苏人民出版社 2004 年版。

［48］［美］郝大维、安乐哲：《通过孔子而思》，北京大学出版社 2005 年版。

［49］［美］郝大维、安乐哲：《期望中国中西哲学文化比较》，学林出版社 2005 年版。

［50］洪汉鼎：《诠释学——它的历史和当代发展》，人民出版社 2001 年版。

［51］潘德荣：《文字·诠释·传统——中国诠释传统的现代转化》，上海译文出版社 2003 年版。

［52］洪汉鼎、傅永军：《中国诠释学》，山东人民出版社 2009 年版。

［53］胡适：《中国哲学史大纲》，团结出版社 2006 年版。

[54]［法］J. 德里达：《多重立场》，佘碧平译，生活·读书·新知三联书店2004年版。

[55]［法］J. 德里达：《书写与差异》（上、下），张宁译，生活·读书·新知三联书店2004年版。

[56]［德］伽达默尔：《真理与方法——哲学解释学的基本特征》，洪汉鼎译，上海译文出版社2005年版。

[57] 江文也、杨儒宾：《孔子的乐论》，华东师范大学出版社2008年版。

[58]［瑞士］孔汉思、库舍尔：《全球伦理——世界宗教议会宣言》，何光沪译，四川人民出版社1997年版。

[59] 李河：《巴别塔的重建与解构——解释学视野中的翻译问题》，云南大学出版社2005年版。

[60] 李明辉：《当代儒学的自我转化》，中国社会科学出版社2001年版。

[61] 李翔海：《寻求德性与理性的统一成中英本体诠释学研究》，台湾文史哲出版社1998年版。

[62] 李翔海、邓克武：《成中英文集》，湖北人民出版社2006年版。

[63] 李翔海：《民族性与时代性——现代新儒学与后现代主义比较研究》，人民出版社2005年版。

[64] 李幼蒸：《仁学解释学——孔孟伦理结构分析》，中国人民大学出版社2004年版。

[65] 李玉良：《〈诗经〉英译研究》，齐鲁书社2007年版。

[66] 李泽厚：《论语今读》，生活·读书·新知三联书店2004年版。

[67] 刘禾：《跨语际实践——文学、民族文化与被译介的现代性（中国，1900—1937）》，生活·读书·新知三联书店2008年版。

[68]［德］海德格尔：《存在与时间》，陈嘉映、王庆节译，生活·读书·新知三联书店1999年版。

[69]［德］海德格尔：《林中人》，孙周兴译，上海译文出版社2004年版。

[70] 中共中央马克思恩格斯列宁斯大林著作编译局：《马克思恩格斯选集》，人民出版社1995年版。

[71]［美］艾兰：《水之道与德之端》，张海宴译，上海人民出版社2002年版。

[72]［美］本杰明·史华慈：《中国古代的思想世界》，程刚译、刘东校，

江苏人民出版社2004年版。

［73］［美］赫伯特·芬格莱特：《孔子：即凡而圣》，彭国翔、张华译，江苏人民出版社2002年版。

［74］［美］鲁思·本尼迪克特：《菊与刀》，商务印书馆2007年版。

［76］［美］乔治娅·沃恩克：《伽达默尔——诠释学、传统和理性》，洪汉鼎译，商务印书馆2009年版。

［77］马祖毅、任荣珍：《汉籍外译史》，湖北教育出版社2003年版。

［78］蒙培元：《蒙培元讲孔子》，北京大学出版社2005年版。

［79］彭林：《〈周礼〉主体思想与成书年代研究》，中国人民大学出版社2009年版。

［80］单继刚：《翻译的哲学方面》，中国社会科学出版社2007年版。

［81］朱熹：《论语集注》，上海世纪出版集团2007年版。

［82］唐明贵：《论语学史》，中国社会科学出版社2009年版。

［83］涂纪亮：《分析哲学及其在美国的发展》，中国社会科学出版社1987年版。

［84］［德］W. V. 洪堡：《论人类语言结构的差异及其对人类精神发展的影响》，姚小平译，商务印书馆2002年版。

［85］王宾：《翻译与诠释》，上海外语教育出版社2006年版。

［86］王洪涛：《翻译学科的学科建构与文化转向》，上海译文出版社2008年版。

［87］美国人文杂志社：《人文主义——全盘反思》，生活·读书·新知三联书店2006年版。

［88］王庆节：《解释学、海德格尔与儒道今释》，中国人民大学出版社2004年版。

［89］［德］维特根斯坦：《哲学研究》，陈嘉映译，上海人民出版社2001年版。

［90］魏义霞：《比较哲学——当代哲学重建的历史关照》，吉林人民出版社2003年版。

［91］谢天振：《翻译研究新视野》，青岛出版社2003年版。

［92］徐复观：《中国人性史论》，华东师范大学出版社2005年版。

［93］徐复观：《中国学术精神》，陈克艰编，华东师范大学出版社2004年版。

［94］徐来：《英译〈庄子〉研究》，复旦大学出版社 2008 年版。
［95］许纪霖、宋宏：《史华慈论中国》，新星出版社 2006 年版。
［96］杨伯俊：《论语译注》，中华书局 2007 年版。
［97］姚金铭、王燕：《王国维文集》（第三卷），中国文史出版社 1997 年版。
［98］姚小平：《洪堡特语言哲学文集》，湖南教育出版社 2001 年版。
［99］［英］葛瑞汉：《论道者：中国古代哲学论辩》，张海晏译，中国社会科学出版社 2003 年版。
［100］张锡勤：《中国近代思想文化史稿》，黑龙江教育出版社 2004 年版。
［101］张祥龙：《孔子的现象学阐释九讲》，华东师范大学出版社 2009 年版。
［102］张志伟：《西方哲学十五讲》，北京大学出版社 2004 年版。
［103］赵敦华：《现代西方哲学新编》，北京大学出版社 2007 年版。
［104］郑家栋：《现代新儒学概论》，广西人民出版社 1990 年版。
［105］郑家栋、叶海烟：《新儒家评论》，中国广播电视出版社 1995 年版。
［106］郑家栋：《当代新儒学史论》，广西教育出版社 1997 年版。
［107］郑家栋：《断裂中的传统》，中国社会科学出版社 2001 年版。
［108］郑开：《德礼之间——前诸子时期的思想史》，生活·读书·新知三联书店 2009 年版。

学位论文

［1］韩翔宇：《论伽达默尔理解观的性质》，华东师范大学硕士学位论文，2007 年。
［2］洪晓丽：《仁：作为道德本体的构成——孔子仁学研究》，复旦大学博士学位论文，2008 年。
［3］黄中习：《典籍英译标准的整体论研究——以〈庄子〉英译为例》，苏州大学博士学位论文，2009 年。
［4］冷溪：《比较哲学视域下的儒学诠释学》，山东大学硕士学位论文，2008 年。
［5］刘利民：《在语言中盘旋——先秦名家"诡辩"命题的纯语言理性研

究》，四川大学博士学位论文，2006 年。
[6] 石书蔚：《安乐哲孔子哲学研究与中西哲学会通》，吉林大学硕士学位论文，2007 年。
[7] 王东波：《〈论语〉英译比较研究——以理雅各译本和辜鸿铭译本为案例》，山东大学博士学位论文，2008 年。
[8] 徐加利：《诠释与创造——西方诠释学视野下的孔子诠释理论》，山东师范大学硕士学位论文，2007 年。
[9] 袁洪英：《当代社群主义自我观研究》，黑龙江大学博士学位论文，2009 年。

期刊文章

[1] 陈保亚：《十世纪语言哲学的语言观分析》，《哲学研究》1997 年第 3 期。
[2] 陈豪珣：《形而上与形而下的统一：孔子礼学思想特色》，《理论界》2008 年第 4 期。
[3] 陈续前：《礼：从周公到孔子》，《孔子研究》2009 年第 4 期。
[4] 程钢：《现实关怀与人性思辨——史华慈〈古代中国的思想世界解读〉》，《科学文化评论》2005 年第 4 期。
[5] 戴兆国：《论中国传统哲学经典诠释之方法——以〈大学〉文本诠释为中心》，《华东师范大学学报》2006 年第 6 期。
[6] 丁鼎：《"礼"与中国传统文化范式》，《齐鲁学刊》2007 年第 4 期。
[7] 丁鼎：《儒家礼乐文化精神在中国传统文化中的地位及其现代意义》，《孔子研究》2008 年第 6 期。
[8] 丁四新：《近年来英语世界有关孔子与〈论语〉的研究》（上），《哲学动态》2006 年第 11 期。
[9] 丁四新：《近年来英语世界有关孔子与〈论语〉的研究》（下），《哲学动态》2006 年第 12 期。
[10] 关子尹：《莱布尼兹与现代德语之沧桑——兼论"语文作育"与"民族语言命运问题"》，《同济大学学报》2005 年第 1 期。
[11] 顾曰国：《奥斯汀的言语行为理论：诠释与批判》，《外语教学与研究》1989 年第 1 期。
[12] 郭鲁兵、杜振吉：《论"仁"在儒家伦理思想中的地位及其意义》，

《山东社会科学》2007 年第 11 期。

[13] 何恬：《此山之外——20 世纪 70 年代以来的英美孔子研究》，《孔子研究》2009 年第 2 期。

[14] 何德红：《诠释学与翻译研究：理论梳理与问题反思》，《天津外国语学院学报》2007 年第 4 期。

[15] 胡伟希：《儒家社群主义略论》，《文史哲》2006 年第 4 期。

[16] 黄晖：《西方诠释学传统中理解问题的起源与发展》，《社会科学战线》2007 年第 2 期。

[17] 黄卓越：《后儒学之途：转向与谱系》，《清华大学学报》2009 年第 3 期。

[18] 姜秋霞、权晓辉：《翻译研究与论文写作——翻译学硕士研究生学位论文写作问题分析》，《中国翻译》2008 年第 2 期。

[19] 景海峰：《从训诂学走向诠释学——中国哲学经典诠释方法的现代转化》，《天津社会科学》2004 年第 5 期。

[20] 李河：《翻译所蕴含的语言条件》，《哲学研究》2003 年第 1 期。

[21] 李洪儒：《西方语言哲学批判——语言哲学系列探索之七》，《外语学刊》2008 年第 6 期。

[22] 李翔海：《从"述而不作"看中国经典诠释的理论特质》，《天津社会科学》2004 年第 5 期。

[23] 林安梧：《关于中国哲学解释学的一些基础性理解——道、意、象、构、言》，《安徽师范大学学报》2003 年第 1 期。

[24] 刘高岑：《论自我的实在基础和社会属性》，《哲学研究》2010 年第 2 期。

[25] 刘华：《"自我"的建构：先秦儒家的自我理论》，《南京师大学报》2005 年第 1 期。

[26] 刘笑敢：《经典诠释与体系建构——中国哲学论释传统的成熟与特点当议》，《中国哲学史》2002 年第 1 期。

[27] 刘玉宇：《对两种思想史研究的考察——史华慈与葛瑞汉先秦思想史研究比较》，《现代哲学》2004 年第 3 期。

[28] 陆敏珍、何俊：《朱熹经典诠释的理念、标准与方法——以〈论语·学而〉四种诠释为例》，《哲学研究》2006 年第 7 期。

[29] 那薇：《海德格尔与庄子的开拓语言之途》，《南京社会科学》2005

年第 6 期。
[30] 潘德荣:《理解、解释与实践》,《中国社会科学》1994 年第 1 期。
[31] 潘德荣:《理解方法论视野中的读者与文本——伽达默尔与方法论诠释学》,《中国社会科学》2008 年第 2 期。
[32] 彭启福:《走向生存论意义的方法论——关于伽达默尔哲学诠释学的方法论沉思》,《天津社会科学》2008 年第 1 期。
[33] 邱惠丽:《奥斯汀言语行为论的当代哲学意义》,《自然辩证法研究》2006 年第 7 期。
[34] 单继刚:《翻译话题与 20 世纪几种哲学传统》,《哲学研究》2007 年第 2 期。
[35] 单继刚:《语言、翻译与意识形态》,《哲学研究》2005 年第 11 期。
[36] 申连云:《尊重差异——当代翻译研究的伦理观》,《中国翻译》2008 年第 2 期。
[37] 孙淑芳:《言语行为理论中若干争议问题》,《中国俄语教学》1998 年第 1 期。
[38] 孙周兴:《翻译的限度与译者的责任——由安乐哲的汉英翻译经验引发的若干思考》,《中国翻译》2008 年第 2 期。
[39] 王东波:《〈论语〉英译的缘起与发展》,《孔子研究》2008 年第 4 期。
[40] 王辉:《传教士〈论语〉译本与基督教意识形态》,《深圳大学学报》2007 年第 11 期。
[41] 王涛:《孔子"礼"的思想内涵及其当代价值》,《理论学刊》,2007 年第 4 期。
[42] 王勇:《20 年来的〈论语〉英译研究》,《求索》2006 年第 5 期。
[43] 武光军:《翻译即诠释——论保罗·利科的翻译哲学》,《中国翻译》2008 年第 3 期。
[44] 吴学国:《内外之辨:略论中国哲学的自我概念——兼与蒙培元先生商榷》,《哲学研究》2004 年第 9 期。
[45] 夏廷德:《善译必由之路:论典籍翻译的补偿》,《外语学刊》2009 年第 2 期。
[46] 肖滨:《经典:在问和答的结构之中》,《江海学刊》2004 年第 1 期。

［47］熊雄：《孔子伦理思想中"仁"的意蕴分析》，《船山学刊》2009 年第 2 期。

［48］颜世安：《原始儒学中礼观念神圣性价值的起源——从郝伯特·芬格莱特〈孔子：即凡而圣〉说起》，《中国哲学史》2005 年第 4 期。

［49］严正：《论儒学、经学与经典诠释研究》，《河南社会科学》2007 年第 1 期。

［50］杨平：《〈论语〉的英译研究——总结与评价》，《东方丛刊》2008 年第 2 期。

［51］杨平：《〈论语〉英译的概述与评析》，《浙江教育学院学报》2009 年第 9 期。

［52］杨平：《20 世纪〈论语〉的英译与诠释》，《北京第二外国语学院学报》2009 年第 10 期。

［53］杨玉成：《奥斯汀论言和行》，《哲学研究》2004 年第 1 期。

［54］臧要科：《〈论语〉中仁的"之间"结构及其诠释学义蕴》，《中国社会科学辑刊》2009 年第 5 期。

［55］张立文：《经典诠释的内在根据——论先秦诸子与六经的关系》，《四川师范大学学报》2009 年第 1 期。

［56］张涛：《20 世纪美国学术刊物上的孔子思想研究》，《学术论坛》2008 年第 11 期。

［57］周光庆：《孔子创立的儒学解释学之核心精神》，《孔子研究》2005 年第 4 期。

［58］朱健平：《翻译即解释：对翻译的重新界定——哲学诠释学的翻译观》，《解放军外国语学院学报》2006 年第 2 期。

［59］朱仁夫：《美国的儒学之旅》，《东方论坛》2009 年第 2 期。

［60］朱耀平：《世界的诠释——伽达默尔的语言本体论思想辨正》，《求是学刊》2002 年第 2 期。

英文参考文献

［1］ A. C Graham , "Response to Benjamin Schwartz' Review of Disputers of the Tao", *Philosophy East and West* Vol. 42，No. 1 January 1992.

［2］ A. C Graham，*Disputers of the Tao*：*Philosophical Argument in Ancient China*，London：Court Publishing Company，1989.

[3] Alice W. Cheang, "The Master's Voice: On Reading, Translation and Interpreting the Analects of Confucius", *The Review of politics*, Vol. 62, No. 3, 2000.

[4] Roger T. Ames &David Hall, *Anticipating China: Thinking Through The Narrative of Chinese and Western Culture*, New York: SUNY Press, 1995.

[5] Benjamin I. Schwartz, *The World of Thought in Ancient China*, Belknap Press of Harvard University Press, 1985.

[6] David L. Hall &Roger T. Ames, *Thinking Through Confucius*, New York: States University of New York Press, 1987.

[7] Roger T. Ames & Joel Marks, *Emotions in Asian Thought: A Dialogue in Comparative Philosophy*, New York: SUNY Press, 1994.

[8] Fingarette Herbert, *Confucius: The Secular as Sacred*, New York: Harper Torchbooks, 1972.

[9] Fingarette Herbert, "Following the 'One Thread of the Analects'", *Journal of the American Academy of Religion*, Vol. 47, No. 3S, 1979

[10] Fingarette Herbert, "The Problem of self in the Analects", *East and West Philosophy*, No. 29, 1979.

[11] Gimello Robert. M. "The Civil Status of Li in Classical Confucianism", *East and West Philosophy*, No. 22, 1972.

[12] Hans-Georg Gadamer, *Truth and Method*, trans. Garrett Barden & John Cumming, China Social Sciences Publishing House, 1999.

[13] Herbert Fingarette, *Confucius: The Secular as Sacred*, Harper & Row, 1972.

[14] Legge James, *The Chinese Classics*, Hongkong: 伦敦教士协会, 1861—1873.

[15] Roger T. Ames, "New Confucianism: A Native Response to Western Philosophy", *Chinese Studies*, No. 5, 1999.

[16] Quine, W. V. O, "Epistemology Naturalized", in *Ontological Relativity and Other Essays*, Columbia University Press, 1969.

[17] Quine, W. V. O, *Pursuit of Truth* (revised ed.), Harvard University Press, 1992.

[18] Robert Eno, "Towards a History of Confucian Classical Studies", *Early

China, No. 17, 1992.

[19] Schwartz Benjamin, "A Review of Disputers of the Tao: Philosophic Argument in Ancient China", *Philosophy East and West*, Vol. 42, No. 1 January 1992.

[20] Roger T. Ames & Wimal, *Self and Deception: Across-Cultural Philosophical Enquiry*, New York: SUNY Press, 1987.

[21] Shirly Chan, *The Confucian Shi, Official Service, and the Confucian Analects*, New York: The Edw in Mellen Press, 2004.

[22] Roger T. Ames: *The Art of Rulership: A Study in Ancient Chinese Political Thought.*, Honolulu: University of Hawaii Press, 1983.

[23] Roger T. Ames & Henry Rosement, *The Confucian Analects: A Philosophical Translation based on the Dingzhou Manuscripts. By*, New York: Ballantine, 1998.

[24] Roger T. "Ames, The Confucian World of View: Uncommmon Assumptions and Common Misconceptions", *ASIA Network Exchange Newsletter*, 2nd Issue, No. 10, 1997.

[25] Roger T. Ames & David Hall, *The Democracy of the Dead: Confucius, Dewey, and the Hope for Democracy in China*, La sale, IL: Open Court, 1999.

[26] Roger T. Ames & David Hall, *Thinking from The Han: Self, Truth, and Trancendence in Chinese and Western Culture*, New York: SUNY Press, 1988.

[27] Roger T. Ames & David Hall, *Thinking Through Confucius*, New York: SUNY Press, 1987.

后　　记

　　博士毕业已经有近十载的时间，回想当初选择中国哲学专业时身边反对的声音不少，现在更加坚信自己做了最正确的选择。作为一名英语专业教师，攻读中国哲学方向的博士，这个选择在很多人看来是背其道而行。依稀记得当时选择这个专业就是因为脑海中突然出现的一个画面：如果有一天一位外国人问我中国的阴阳八卦是怎么回事，我如何用英文传递这其中包含的丰富思想呢？我当时不禁打了一个寒战。我对中国传统思想文化了解少之又少，又怎能清晰明确地用英文表达其内涵呢？虽然在本科和硕士研究生阶段接受了七年的西方文化教育，但是，受到西方文化的熏染越多，我就越加深入地在思考一个问题：难道英语专业的中国学生的使命就是为了在了解西方文化的同时进而来传播它吗？思考得越多我认为这个命题越站不住脚。相反，有一种声音在我的脑海中变得越来越强烈。中国人学外语有一个更重要的使命便是将中国博大精深的文化展示给世人。于是我萌生了认真、系统学习中国文化的念头。依稀记得复习考博时每天穿梭于哲学系的各个教室，在寒冷的冬日坐在教室中手捧热宝发奋读书的日子，只是为了能够跨入中国哲学的殿堂来系统研修中国文化，今后能为中西文化交流尽自己微薄的力量。

　　时光荏苒，十几年里我们的国家发生了翻天覆地的变化，如今实现文化自信，对外发出中国声音，讲好中国故事，构建对外话语体系已经成为中国人的一个时代使命。而我作为一个先行者现在已经能够为培养合格的时代外语人才贡献自己的知识力量。如今站在讲台上，用自己的身体力行为培养时代需要的外语人才。欣慰的同时不禁又回忆起这些年走过的路。

　　由于博士论文选题横跨外语与哲学两个学科，这样一个新的视角下的跨学科的写作过程就如同在充满歧路和险嶂的地方寻找通衢。选择跨中西两种文化的研究领域也决定了我的写作过程将是由真实的关切所产生的问题意识，变成了在问题意识指引下寻找答案的过程。学识浅薄的我深深地体会到了写作过程的艰难。写作的过程让我不断成长，知识积累逐渐丰富。如今语言学、中国哲学、西方哲学、翻译理论的知识框架在我心中已经深深的扎根，在今后的学习和工作中我将一如既往地努力向前！

在本书即将出版之际，我要感谢在写作过程中给予我莫大帮助的老师、亲人、朋友和同事。

首先，我要对导师柴文华教授致以深深的谢意。柴老师在生活中乐观豁达，以宽容的胸怀接纳人间世事；在治学上严谨，以渊博的知识和先进的理念激励我在学业中不断前行。能够成为他的学生是我毕生的荣幸！还要感谢已故的张锡勤教授，他崇高的精神境界和广博精准的知识体系，使我望而兴叹！他成为我人生和学识路上求索的方向，先生的精神将一直激励我前行。

感谢樊志辉教授、魏义霞教授、关键英教授和张继军老师，是你们将我带进了哲学之门，是你们的人格和学识使我坚定了在中国哲学的领域中继续前行。此外，还要感谢我的同学李小娟博士、孙慧玲博士、李雪松博士、周红博士、王秋博士和袁立莉博士在我的学习和生活中给予的关心和鼓励。

同时，我还要感谢我的家人，你们的呵护和关怀是我前行的动力。感谢丈夫的包容与体贴，感谢我的孩子，她的成长见证了我的进步，她也是我学习的动力。

要感谢的人太多了，总之，我感谢曾经给予我帮助和支持的每一个人，是你们使我有了在求学和工作路上不断奋进的勇气与力量。

唯以在今后的工作和学习中不断地完善自我，以突出的工作成绩和优异的学业成绩来报答恩师、家人和所有关爱我的人！

曹　威
2020 年 10 月